W9-CHJ-163

DISCARD
RETIRÉ

PARCOURS IDENTITAIRES

DE JEUNES FRANCOPHONES

EN MILIEU MINORITAIRE

DISCARD
RETIRÉ

Diane Gérin-Lajoie

Parcours identitaires de jeunes francophones en milieu minoritaire

Collection Ancrages

Prise de parole
Sudbury, 2003

Données de catalogage avant publication (Canada)

Gérin-Lajoie, Diane, 1953-

    Parcours identitaires de jeunes francophones en milieu minoritaire / Diane Gérin-Lajoie.

(Collection Ancrages)

Comprend des réf. bibliogr.

ISBN 2-89423-153-9

1. Sociolinguistique — Ontario. 2. Élèves du secondaire — Ontario — Langage. 3. Français (Langue) — Aspect social — Ontario. 4. Canadiens français — Acculturation — Ontario. 5. Sociolinguistique — Ontario — Cas, Études de. I. Titre. II. Collection.

P40.45.C3G47 2003   306.44'089'1140713   C2003-901202-6

En distribution au Québec : Diffusion Prologue
                                      1650, boul. Lionel-Bertrand
                                      Boisbriand (QC) J7H 1N7
                                      450-434-0306

PRISE
DE
PAROLE

Prise de parole est une maison d'édition ancrée dans le nord de l'Ontario, engagée dans la création, la production et la promotion d'une littérature canadienne-française.

La maison d'édition bénéficie de l'appui du Conseil des Arts de l'Ontario, du Conseil des Arts du Canada, de Patrimoine Canada (Programme d'appui aux langues officielles, Programme d'aide au développement de l'industrie de l'édition et Partenariat interministériel avec les communautés de langue officielle) et de la Ville du Grand Sudbury.

Conception de la couverture: Olivier Lasser.
Œuvre en page de couverture: Nicolas Garant.

Tous droits de traduction, de reproduction et d'adaptation réservés pour tous pays.

Copyright © Ottawa, 2003
Éditions Prise de parole
C.P. 550, Sudbury CANADA P3E 4R2

ISBN 2-89423-153-9

À ma fille Mélanie

Remerciements

La réalisation de cet ouvrage n'aurait pas été rendue possible sans la collaboration d'un grand nombre d'individus. Je voudrais, en tout premier lieu, remercier les deux directeurs d'éducation des conseils scolaires où l'étude s'est déroulée de m'avoir donné la permission de travailler dans leurs écoles. Je voudrais souligner également l'accueil chaleureux des directeurs et directrices des écoles sélectionnées, ainsi que l'aide précieuse qu'ils m'ont fournie tout au long du projet. Enfin, toute ma gratitude va aux enseignantes et aux enseignants qui m'ont accueillie dans leurs salles de classe et qui ont gracieusement participé aux entrevues.

Bien entendu, ce projet de recherche n'aurait pas pu voir le jour sans la participation de Mélodie, de Pierre, de Gabrielle, de Mathieu, de Leslie, d'Annie, de Phillias et d'Élizabeth. Grâce à eux, j'ai pu examiner de plus près la réalité sociale des jeunes qui vivent constamment à la frontière de deux mondes, l'un francophone, et l'autre anglophone. Ces jeunes n'ont pas hésité à partager leurs idées, et d'une certaine façon, à me laisser entrer dans leur vie. Je tiens à remercier sincèrement leurs parents de m'avoir donné la permission de travailler avec leurs enfants et de m'avoir fourni l'occasion de mieux connaître leur milieu familial. La confiance que vous m'avez montrée tout au long de ce projet m'a touchée profondément. Cette expérience de recherche restera pour moi une des plus belles de ma carrière.

Je veux souligner également l'excellent travail de mon équipe de recherche. Sans l'aide de ces individus, je n'aurais pu réaliser ce projet. Il s'agit d'Helen Faulkner, de Muriel Fung, de Sylvie Roy, de Marquis Bureau, d'Amal Madibbo, de Douglas Gosse, de Mélanie Knight et de Roselyne Roy.

Je tiens aussi à remercier sincèrement mon collègue de travail et ami, Normand Labrie, qui a patiemment lu la première version du manuscrit et qui m'a prodigué de précieux conseils pour en améliorer la qualité. Je lui en suis très reconnaissante. Enfin, ma gratitude va également à Stephen Anderson qui, pendant plus de trois ans, m'a toujours prêté une oreille attentive et m'a appuyée par ses encouragements répétés.

Finalement, je tiens à souligner la contribution financière du Conseil de recherches en sciences humaines du Canada qui m'a permis de mener à terme mon projet.

INTRODUCTION

*Nous nous situons ainsi dans le courant
qui considère l'identité comme le produit
d'un processus dynamique plutôt que comme
un donné objectif et immuable. Tout au long
de la vie, au sein des réseaux d'interaction,
familiaux et sociaux, qui situent l'individu
dans le monde, se construit et se reconstruit
l'ensemble des traits qui définissent un individu
et par lesquels il se définit face aux autres.*
(I. Taboada-Leonetti, p. 44)[1]

J'ai commencé à m'intéresser à la construction identitaire en milieu francophone minoritaire il y a de cela quelques années lorsque ma fille, alors âgée de 6 ans, revint un jour de l'école et me fit la constatation suivante: «toi maman, tu es francophone, papa lui, il est anglophone et moi, je suis franco-ontarienne». Curieuse, je lui ai demandé ce qu'elle entendait par là. Elle n'a pas pu m'expliquer. J'en ai déduit que ça devait être son enseignante de première année qui avait abordé ce sujet et que ma fille était encore trop petite pour comprendre le sens d'une telle affirmation.

Nous étions, en effet, ce qui est communément appelé de nos jours, une famille exogame. J'étais venue du Québec pour poursuivre des études doctorales à Toronto et mon mari, qui est Américain, avait fait de même. Notre fille s'est donc retrouvée dans une famille où elle a côtoyé le

---

[1] Taboada-Leonetti, I. 1990. «Stratégies identitaires et minorités: le point de vue des sociologues» dans C. Camilleri et al. *Stratégies identitaires.* Paris: Les Presses universitaires de France. p. 43-83.

français et l'anglais dès sa naissance. Cependant, contrairement à bien des familles exogames, nous avons choisi de façon délibérée le français comme langue d'usage à la maison lorsque nous sommes tous les trois ensemble. Il n'en demeure pas moins cependant que les deux langues et les deux cultures font partie intégrante de notre vie quotidienne, à la maison tout comme à l'extérieur de celle-ci, puisque l'anglais est omniprésent à Toronto. Même si ma fille a toujours fréquenté des garderies et des écoles de langue française, elle a été amenée à composer avec une réalité fortement influencée par l'anglais, même dans ces institutions qui veillent à la sauvegarde de la langue et de la culture françaises.

Demeurer francophone dans un milieu fortement minorisé représente, dans ces conditions, un défi de taille et demande une bonne dose d'efforts et beaucoup de vigilance. J'ajouterai que cela peut même susciter une certaine remise en question de sa propre identité. Dans mon cas, par exemple, je suis passée d'un statut de majoritaire à minoritaire, ce qui signifie que je me vois dans l'obligation, à certains moments, de revendiquer mes droits de francophone. Ce changement de statut m'a amenée à réfléchir à la notion de minorité sur deux plans: d'abord intellectuellement, afin d'en mieux comprendre la signification et, enfin, de façon plus pragmatique à travers mes expériences quotidiennes. Ces circonstances, que je partage d'ailleurs avec un million de francophones au Canada qui vivent à l'extérieur du Québec, invitent ainsi à une remise en question du rapport à la langue française entretenu par cette minorité linguistique. Ce questionnement n'est pas propre qu'aux francophones du Canada, il s'applique également aux minorités francophones ailleurs dans le monde. Rattachées à cette langue française, on retrouve aussi les notions de culture, d'appartenance au groupe et enfin de rapport à la communauté. Comment tous ces éléments influencent-ils le parcours identitaire de chacun et de chacune d'entre nous qui sommes appelés à vivre dans une société donnée, qu'on la qualifie de majoritaire ou de minoritaire? Mon expérience professionnelle de professeure et de chercheure m'a amenée à constater l'importance pour les francophones qui vivent en milieu minoritaire, et en particulier pour les enfants, d'évoluer dans un contexte où la langue française est valorisée et où elle est utilisée dans diverses situations, afin de démontrer qu'elle ne fait pas uniquement partie d'un folklore à conserver dans le but de communiquer avec les grands-parents francophones, comme il semble que ce soit le cas dans plus d'une famille.

Mon enseignement et ma recherche dans le domaine de l'éducation minoritaire de langue française m'amènent ainsi à me questionner sur la réalité sociale dans laquelle évolue l'école. Les étudiantes et les étudiants qui suivent mes cours à l'Institut d'études pédagogiques de l'Ontario de l'Université de Toronto sont, pour la plupart, des enseignantes et des enseignants qui travaillent dans les écoles minoritaires de langue française en Ontario ou ailleurs au Canada français. Nos échanges sont donc empreints de la quotidienneté de la salle de classe, puisqu'elles et ils y apportent leurs expériences, que je tente par la suite de situer dans un cadre d'analyse critique, afin que les étudiantes et les étudiants s'interrogent sur leur intervention auprès des élèves qui grandissent en milieu francophone minoritaire. L'un des objectifs que je poursuis avec mes étudiantes et mes étudiants est de les amener à jeter un regard critique sur leur rôle d'agents de reproduction dans un contexte scolaire grandement influencé par le milieu majoritaire anglophone.

Il en va de même de la recherche que je mène. Mon rôle de sociologue de l'éducation et mon affiliation au Centre de recherches en éducation franco-ontarienne à l'Institut d'études pédagogiques de l'Ontario de l'Université de Toronto m'ont amenée à me pencher sur la problématique des minorités francophones, dans le domaine particulier de l'éducation de langue française. Mes préoccupations portent sur deux questions particulières: celle de l'enseignement en milieu francophone minoritaire et celle à la fois de la construction et de la représentation identitaires chez les élèves qui fréquentent l'école de langue française. En ce qui concerne la question identitaire, ce sont les allusions répétées des élèves du niveau secondaire à la notion d'identité bilingue qui m'ont finalement amenée à examiner de plus près ce concept. Lors d'entrevues menées auprès d'élèves fréquentant des écoles secondaires de langue française en Ontario, dans le cadre de diverses recherches antérieures, ces derniers se sont définis en effet, pour la plupart, comme possédant une identité bilingue. Je me suis alors demandé ce qu'ils entendaient par là et ce que cela pouvait signifier sur le plan des rapports sociaux, sur les parcours identitaires de ces jeunes et sur leur sens d'appartenance à la francophonie. C'est de cela dont il sera question tout au long de cet ouvrage. À partir de données d'analyse recueillies principalement dans le cadre d'un programme de recherche qui s'est échelonné sur une période de trois ans, je présenterai diverses positions en ce qui a trait à la façon dont se perçoivent les élèves qui fréquentent l'école secondaire de langue française en Ontario. Je brosserai les portraits identitaires de quelques jeunes, ce qui mènera, je l'espère, à une meilleure compréhension de ce que signifie pour ces derniers d'évoluer dans un monde où ils se retrouvent constamment et aisément à la frontière de deux langues, soit le français et l'anglais.

Ce phénomène de bilinguisation, soit dit en passant, en inquiète d'ailleurs plus d'un. Pour plusieurs chercheurs en effet, cela signifie un pas définitif vers l'assimilation (Bernard, 1998; Castonguay, 1999;

Lachapelle, 1992). On constate que, depuis plusieurs années déjà, les milieux de recherche, les media, ainsi que la population en général, tant francophone qu'anglophone, parlent de plus en plus de la précarité de la francophonie hors-Québec, voire de son extinction. Certes, il est vrai que les statistiques ne jouent pas en faveur des francophones qui vivent à l'extérieur du Québec et leur lecture peut s'avérer alarmante. En effet, cette francophonie a connu au cours des dernières années un taux élevé de transferts linguistiques vers l'anglais et une hausse appréciable des mariages exogames à travers le pays (Bernard, 1998; Castonguay, 1999). Plusieurs facteurs peuvent expliquer cette situation dont, entre autres, le phénomène de l'urbanisation qui a forcé les francophones des milieux ruraux homogènes à se déplacer vers la ville, les plaçant ainsi dans une situation où vivre en français devenait de plus en plus difficile, étant donné que l'infrastructure y était conçue par et pour les anglophones. Je reprendrai d'ailleurs cette discussion plus à fond dans le chapitre suivant.

Ces changements ont ainsi eu un impact profond sur les institutions que j'appellerais de base, c'est-à-dire la famille, l'Église et l'école. Les deux premières sont désormais moins en mesure de remplir ces rôles (Gérin-Lajoie, 1996). Dû en grande partie au fait que les francophones sont moins pratiquants qu'avant, l'Église catholique a, en effet, perdu de son influence auprès de la communauté francophone minoritaire. De son côté, la famille n'est plus toujours en mesure, elle-même, de reproduire la langue et la culture du groupe minoritaire, puisque dans certaines circonstances, elle opte plutôt pour l'utilisation de la langue de la majorité, soit l'anglais, dans les échanges familiaux (Williams, 1987).

C'est donc à l'école seule, dans bien des cas, que revient la responsabilité de transmettre la langue et la culture françaises. Mais l'école fait aussi face à une réalité difficile, puisque le milieu social ambiant est majoritairement anglophone et qu'il influence de façon très marquée la vie de l'école. Les pratiques langagières que l'on retrouve à l'intérieur de cette institution reflètent bien cette dualité. Dans ce contexte, les frontières linguistiques sont faciles à traverser et les élèves passent aisément du français à l'anglais et vice versa. On constate que les pratiques sociales et langagières des élèves qui fréquentent l'école de langue française se trouvent grandement influencées par la réalité ambiante, où la diversité linguistique et culturelle règne.

Comme je l'ai mentionné précédemment, plusieurs jeunes qui fréquentent l'école secondaire minoritaire de langue française déclarent posséder une identité bilingue. Qu'est-ce que cela veut dire au juste? Quel impact cela a-t-il sur le processus de reproduction qui a lieu à l'école? Quelle est leur position face à leur propre identité? Quel est leur sens d'appartenance à la francophonie, puisque ces jeunes, dans la majorité des cas, passent constamment d'une frontière linguistique à l'autre? Sont-ils francophones, anglophones, ou un peu des deux à la fois? Leur appartenance dépend-elle des diverses situations dans lesquelles ils se trouvent? En d'autres mots, est-il possible de s'afficher francophone dans certaines circonstances, mais anglophone dans d'autres?

C'est à partir de ces interrogations que l'étude dont il sera question a été conceptualisée. Elle porte sur le discours identitaire des adolescents et des adolescentes qui fréquentent l'école secondaire de langue française en Ontario. Ce discours identitaire est conçu en fonction des représentations résultant de la trajectoire de vie de ces jeunes. J'ai choisi l'école comme point central de la recherche, étant donné le caractère essentiel que revêt cette institution en milieu francophone minoritaire. L'étude qui a servi à ma réflexion se donnait comme objectif d'examiner la représentation identitaire chez un groupe d'adolescents et d'adolescentes, c'est-à-dire d'examiner la façon dont se perçoivent les jeunes face à leur propre identité, à la fois linguistique et culturelle.

La recherche voulait examiner comment s'articule la notion d'identité chez ces jeunes, en mettant particulièrement l'accent sur leurs pratiques langagières et le sens accordé à ces pratiques par les adolescentes et les adolescents. L'objectif premier était d'arriver à mieux comprendre comment se perçoivent et se définissent ces adolescents et adolescentes en tant qu'individus appartenant à une minorité. C'est par le biais de leurs pratiques langagières que la question a été examinée. Dans le contexte de cette étude, une attention toute particulière a été portée à la notion d'identité bilingue. En effet, le deuxième objectif de la recherche était de tenter de déconstruire la notion d'identité bilingue dans le but 1) d'en mieux comprendre la signification auprès des jeunes et 2) d'examiner de quelle façon une telle forme identitaire peut exister en soi en tant que phénomène stable, ou s'il s'agit d'un phénomène transitoire menant, à plus ou moins long terme, à l'assimilation. Cette analyse a donc permis de mieux situer les pratiques langagières à l'intérieur de rapports de force spécifiques. Enfin, l'étude de ces pratiques s'est effectuée à l'intérieur de trois sphères particulières, qui constituent en elles-mêmes de puissants agents de production et de reproduction sociales, linguistiques et culturelles. Il s'agit de la famille, de l'école et du groupe d'amis et amies.

Le volet ethnographique de l'étude a compris, au départ, dix élèves qui fréquentaient l'école secondaire de langue française en Ontario. Ces élèves de 10e et de 11e année étaient âgés de 15 et 16 ans lorsque le projet a débuté en 1997 et fréquentaient deux écoles secondaires de la province. La première de ces écoles était située dans la région métropolitaine de

Toronto, soit dans le centre de l'Ontario où les francophones représentent une faible minorité et où le taux d'anglicisation est élevé. La deuxième école, pour sa part, se trouvait dans l'est de l'Ontario, où les francophones sont plus nombreux et où le phénomène de l'anglicisation est moins prononcé que dans la région métropolitaine de Toronto. Pendant la deuxième année du projet, un élève a choisi de ne plus participer à l'étude, alors qu'une autre est déménagée et il s'est alors avéré impossible de la suivre dans son nouveau milieu de vie. Par ailleurs, une troisième élève a changé d'école et nous l'avons suivie dans son nouveau milieu scolaire, toujours situé dans l'est de la province. Huit jeunes ont ainsi complété l'étude.

Cette recherche a employé en grande partie des techniques de recherche de type qualitatif, associées à l'approche ethnographique, soit l'entrevue semi-dirigée, l'observation et l'analyse documentaire. Cependant, l'étude a également eu recours, au début du projet, à l'analyse quantitative par le biais d'un sondage administré à tous les élèves de 10e et de 11e année des deux écoles sélectionnées, soit un total de 459 individus. De ces 459 questionnaires, 158 ont pu être traités[2]. Cela a permis, dans un premier temps, d'obtenir des informations factuelles sur les habitudes linguistiques des élèves et de faire, par la suite, la sélection des dix élèves appelés à participer à l'étude ethnographique, qui elle, s'est déroulée pendant les trois années de l'étude, soit de 1997 à 2000.

Les portraits identitaires qui ont résulté de l'analyse des données obtenues illustrent bien que les parcours entrepris par les jeunes qui ont participé au projet de recherche sont loin d'être linéaires et qu'ils sont, pour ainsi dire, en mouvement perpétuel. Ce phénomène de mouvance laisse entrevoir plusieurs possibilités en ce qui a trait à la façon dont se construit l'identité chez les adolescentes et les adolescents qui vivent en milieu francophone minoritaire. En effet, le discours tenu par les jeunes du projet semble supposer qu'il existerait plusieurs facettes au concept d'identité bilingue et que d'affirmer posséder une identité bilingue ne signifie pas nécessairement une assimilation au monde anglophone et un rejet de tout ce qui a à faire avec la francophonie. Le discours des jeunes laisse entrevoir des nuances importantes qui, de façon générale, n'ont pas été relevées dans les études quantitatives menées auparavant sur la question (Castonguay, 1999; Bernard, 1990, 1998).

Avant de commencer l'analyse proprement dite, je me permets de faire une brève remarque en ce qui concerne l'organisation du présent ouvrage. Le premier chapitre fera une brève mise en contexte de la problé-

---

[2] Nous devions recevoir le consentement écrit des parents pour pouvoir procéder à l'analyse. Des 459 lettres envoyées, 158 nous sont revenues signées par un parent, un tuteur ou une tutrice.

matique examinée en brossant un portrait de l'éducation de langue française en Ontario et en présentant brièvement le cadre conceptuel de l'étude intitulée *La représentation identitaire chez les jeunes francophones vivant en milieu minoritaire*. Les fondements théoriques et méthodologiques qui ont donné naissance à cette étude y seront expliqués afin de permettre de mieux comprendre le cheminement qui a mené à sa réalisation. Le chapitre 2 présentera les deux écoles dans lesquelles s'est déroulée l'étude, ainsi que les régions où elles se situent. Pour sa part, le chapitre 3 présentera les résultats du sondage administré aux élèves des deux écoles secondaires où le projet s'est tenu originellement et qui a porté sur les habitudes linguistiques des élèves de 10e et de 11e année. Le chapitre 4 brossera les portraits identitaires des élèves qui habitent dans la région d'Ottawa, tandis que le chapitre 5 sera consacré à ceux des jeunes de la région de Toronto. Le chapitre 6 fera, de son côté, l'analyse des résultats obtenus dans les deux régions, afin d'en déceler les similarités et les différences. La discussion de ces résultats jettera, je l'espère, une lumière nouvelle sur la façon de comprendre le rapport à l'identité établi par les minorités francophones, dans le cas particulier des adolescentes et des adolescents. Enfin, pour terminer, le chapitre 7 sera une réflexion sur le processus de recherche et sur la façon dont les jeunes qui ont participé à l'étude ont vécu cette expérience.

PREMIÈRE PARTIE

CHAPITRE PREMIER
LE CONTEXTE DE L'ÉTUDE

1 L'ÉDUCATION DE LANGUE FRANÇAISE EN MILIEU MINORITAIRE

L'école, de façon générale, demeure une institution essentielle dans le contexte des sociétés modernes et postmodernes. Les sociologues de l'éducation, d'écoles de pensée diverses, se sont entendus pour attribuer deux fonctions à l'école, celles de transmettre des connaissances et de socialiser les élèves (Hurn, 1978). Pour les sociologues de tradition fonctionnaliste, l'école contribue à former les citoyens et citoyennes de demain et permet leur insertion dans une société méritocratique, c'est-à-dire une société fondée sur les compétences et l'effort, plutôt que sur le capital économique et culturel. Pour les sociologues critiques, l'école reproduit les inégalités que l'on retrouve dans la société de façon générale, en étant sélective dans la façon dont elle transmet les connaissances et reproduit les valeurs de la société, maintenant un système social où la relation dominant-dominé subsiste. Ainsi, selon la tradition critique, l'école n'est pas neutre. Ces écoles de pensée reconnaissent toutes deux le rôle essentiel que détient l'école dans la société, même si leurs positions sur la question sont difficilement conciliables.

Le rôle de reproduction dont il est ici question demeure d'autant plus essentiel en milieu francophone minoritaire, puisque dans ce contexte, l'école remplit en quelque sorte une troisième fonction qui est celle de veiller à la sauvegarde de la langue et de la culture françaises. Si l'on examine, par exemple, le mandat des écoles de langue française en Ontario, on se rend compte que la transmission de la langue et de la culture françaises y occupe une place importante. La Direction générale de l'éducation en langue française du ministère d'Éducation de l'Ontario (1994) parle du rôle de l'école dans les termes suivants:

— Favoriser la réussite scolaire et l'épanouissement de l'ensemble des élèves[…]

— Favoriser chez les élèves le développement de l'identité personnelle, linguistique et culturelle et le sentiment d'appartenance à une communauté franco-ontarienne dynamique et pluraliste.

— Promouvoir l'utilisation du français dans toutes les sphères d'activités à l'école comme dans la communauté.

— Élargir le répertoire linguistique des élèves et développer leurs connaissances et leurs compétences en français, en acceptant et en prenant comme point de départ leur français parlé[…]

— Permettre aux élèves d'acquérir une bonne compétence communicative en anglais, dans des conditions qui favorisent un bilinguisme additif.

— Encourager le partenariat entre les écoles, les parents, les différents groupes de la communauté, ainsi que le monde des affaires, du commerce et de l'industrie.

— Donner aux élèves les outils nécessaires pour participer à l'essor de la communauté franco-ontarienne[…] (p. 9).

Ce rôle de sauvegarde n'est d'ailleurs pas nouveau. Déjà au début du vingtième siècle, l'école devenait rapidement un agent mobilisateur auprès de la communauté francophone vivant en milieu minoritaire (Welch, 1988; Heller, 1994; Gérin-Lajoie, 1996). Cette institution s'est avérée centrale dans le maintien de la langue et de la culture françaises pour la communauté francophone. Au cours des trente dernières années, cependant, cette communauté, autrefois homogène sur le plan linguistique et culturel, a subi des transformations majeures. Elle est, en effet, passée d'une population rurale relativement homogène à une population urbaine de plus en plus hétérogène en ce qui a trait à la langue et à la culture (Welch, 1991; Gérin-Lajoie, 1997). De plus, depuis le milieu des années quatre-vingt, un autre phénomène est venu changer le tissu social de la communauté franco-ontarienne, celui de l'arrivée de groupes d'origines ethniques diverses qui viennent joindre ses rangs (Gérin-Lajoie, (1995a). Suite à ces changements, l'école a dû composer avec une clientèle de plus en plus diversifiée sur le plan des compétences langagières.

Dans ce contexte, le droit garanti à l'instruction dans la langue de la minorité de langue officielle tel que stipulé dans la *Charte canadienne des droits et libertés*, en 1982, par le biais de l'article 23, a constitué, sans doute, le changement le plus significatif pour les francophones vivant à l'extérieur du Québec. En garantissant l'éducation de langue française, on donnait ainsi la chance à la communauté francophone de s'affirmer comme groupe. Comme le fait remarquer Angéline Martel (1991):

> L'article 23 [...] vise, non seulement la survie, mais aussi l'épanouissement des minorités de langue officielle grâce à un régime d'éducation qui viendra enrayer l'assimilation. Il reconnaît le rôle primordial que joue l'éducation dans ce processus d'épanouissement (p. 18).

Ce droit à l'éducation représente donc un acquis considérable pour les groupes qui vivent en situation minoritaire. Dans ce sens, ces derniers ne peuvent qu'en applaudir les retombées positives. L'article 23 de la *Charte canadienne des droits et libertés* se lit d'ailleurs comme suit:

1. Les citoyens canadiens:
   a) dont la première langue apprise et encore comprise est celle de la minorité francophone ou anglophone de la province où ils résident,

   b) qui ont reçu leur instruction, au niveau primaire, en français ou en anglais au Canada et qui résident dans une province où la langue dans laquelle ils ont reçu cette instruction est celle de la minorité francophone ou anglophone de la province où ils résident, ont, dans un ou l'autre cas, le droit d'y faire instruire leurs enfants, aux niveaux primaire et secondaire, dans cette langue.

2. Les citoyens canadiens dont un enfant a reçu ou reçoit son instruction, au niveau primaire ou secondaire, en français ou en anglais au Canada, ont le droit de faire instruire tous leurs enfants, aux niveaux primaire et secondaire, dans cette langue.

3. Enfin, les citoyens canadiens peuvent se prévaloir de ce droit lorsque, dans un endroit donné, le nombre d'enfants le justifie.

Cet article de loi accorde donc le droit à l'éducation dans la langue de la minorité en fonction «des antécédents linguistiques ou scolaires de la famille et non pas en fonction de la langue première ou d'usage des élèves» (Labrie, 1994, p. 9). Cela signifie que les ayants-droit peuvent ainsi posséder des compétences langagières variées en français, allant d'une maîtrise parfaite de la langue à une incapacité totale de la parler. En effet, les critères de l'article 23 n'excluent pas cette possibilité de forte hétérogénéité linguistique puisque la langue parlée de l'élève ne constitue pas, en soi, le point central de référence pour son admission à l'école. Par exemple, une couple canadien, dont la langue maternelle est le français mais dont la langue d'usage à la maison est exclusivement l'anglais, possède le droit légal d'inscrire son enfant dans une école minoritaire de langue française. Par ailleurs, en Ontario, les enfants qui ne répondent pas aux conditions énumérées dans l'article 23 peuvent tout de même être admis dans les écoles par l'intermédiaire d'un comité d'admission, tel que stipulé dans la *Loi sur l'éducation de l'Ontario* de 1975. Il s'agit d'enfants qui ne sont pas francophones ou d'enfants dont les parents ne possèdent pas la citoyenneté canadienne. Le comité d'admission dont il est ici question relève du conseil scolaire et il est composé d'un membre de la direction de l'école où l'admission se fera, d'un enseignant ou d'une enseignante de la même école et d'un agent de supervision à l'emploi du conseil scolaire.

Les élèves qui fréquentent les écoles minoritaires de langue française ne représentent donc pas un groupe homogène. On peut les diviser en effet en deux groupes distincts: les ayants-droit et les élèves admis par le biais des comités d'admission.

a) Dans la catégorie des ayants-droit, nous retrouvons deux groupes particuliers: le premier se compose d'élèves *franco-dominants*, c'est-à-dire des élèves qui, à leur arrivée à l'école, maîtrisent avec succès la langue française, cette dernière étant généralement la langue parlée à la maison; le deuxième groupe se compose d'élèves *anglo-dominants*, c'est-à-dire des élèves dont les compétences langagières en français sont limitées et même parfois inexistantes et dont la langue utilisée le plus souvent est l'anglais, à la maison, comme dans les activités à l'extérieur de l'école (Mougeon *et al.*, 1984). Trois facteurs particuliers expliquent la présence de plus en plus nombreuse de ce deuxième groupe d'élèves dans les salles de classe: 1) dans un grand nombre de familles de langue maternelle française, la langue d'usage à la maison est devenue l'anglais, 2) de plus en plus d'élèves viennent de familles qui vivent en situation de mariage exogame, où l'un des deux parents est unilingue anglophone et où la langue d'usage à la maison est l'anglais, 3) même dans les foyers où le français est la langue d'usage des parents, on note que les enfants de ces familles ont tendance à utiliser l'anglais entre eux lorsqu'ils et elles grandissent.

b) La catégorie d'élèves admis par le biais d'un comité d'admission se compose, pour sa part, d'enfants qui ne peuvent se prévaloir du droit à l'éducation dans la langue de la minorité. Elle comprend: 1) les élèves anglophones qui viennent de familles dont la langue maternelle n'est pas le français, où ni l'un ni l'autre des parents ne possèdent de compétences en français et qui n'ont pas fait leurs études en français[1]; 2) les élèves qui appartiennent à divers *groupes ethnoculturels*, dont les parents ne sont pas des citoyens canadiens, qui sont venus s'établir au Canada, soit à titre de réfugiés ou à titre d'immigrants. Pour ce groupe, le français peut représenter une langue première, seconde et même, dans certains cas, une troisième langue. Néanmoins, ces élèves possèdent généralement des compétences langagières élevées en français.

Dans un tel contexte social, les frontières linguistiques se traversent facilement. Quel en est l'impact sur l'appartenance de groupe, en particulier pour les minorités francophones? À cause de la grande hétérogénéité linguistique et culturelle qui prévaut dans les écoles minoritaires de langue française, ces dernières représentent un milieu riche pour l'examen des pratiques sociales qui y prennent place. C'est dans ce contexte que je me suis intéressée aux parcours identitaires des élèves qui fréquentent ces écoles et que j'ai conceptualisé l'étude qui sert à la présente analyse.

2 LE CADRE CONCEPTUEL DE L'ÉTUDE
2.1 Les objectifs

Francophones, anglophones, bilingues… À quel groupe d'appartenance les jeunes qui vivent en milieu francophone minoritaire s'identifient-ils en dernière instance? C'est ce à quoi l'étude intitulée *La représentation identitaire chez les jeunes francophones vivant en milieu minoritaire* s'est intéressée au cours de ses trois années de fonctionnement. Je voulais arriver, d'abord, à comprendre comment se perçoivent et se définissent les jeunes des écoles minoritaires de langue française sur le plan identitaire, pour ensuite analyser le parcours qui les a menés à effectuer de tels choix. Une attention particulière a été portée à la notion d'identité bilingue. L'étude se donnait en effet comme deuxième objectif de déconstruire la notion d'identité bilingue dans le but, d'une part, de mieux comprendre la signification de ce concept auprès des adolescentes et des adolescents et, d'autre part, d'examiner si une telle forme identitaire, dans le contexte actuel d'une francophonie de plus en plus éclatée, peut exister en soi en tant que phénomène stable et favoriser des appartenances multiples (Breton, 1994), ou s'il s'agit plutôt d'une période transitoire conduisant immanquablement à l'assimilation au groupe

---

[1] Il est arrivé que des élèves anglophones soient admis dans le système d'éducation de langue française afin de justifier l'ouverture d'écoles, ces admissions servant ainsi à faire augmenter les nombres. L'admission d'un élève anglophone signifiait par la suite l'entrée à l'école de ses frères et sœurs, d'après l'Article 23 de la *Charte canadienne des droits et libertés*. Cette stratégie fut utilisée dans le cas de certaines écoles de la région de Toronto et du Sud-Ouest de l'Ontario (Gérin-Lajoie, 1995b).

majoritaire anglophone, comme certaines recherches le suggèrent (Bernard, 1998; Castonguay, 1999).

En résumé, l'étude visait à mieux comprendre la façon dont s'articule le processus d'identification au groupe ethnique chez les adolescentes et les adolescents qui vivent en milieu francophone minoritaire et la façon dont ces jeunes perçoivent ce processus d'identification (Gérin-Lajoie, 2000). Le discours tenu par les jeunes sur la question de la construction et de la représentation identitaires constitue la pierre angulaire de la présente étude. Précisons finalement que ce discours a été examiné dans le contexte de l'école secondaire minoritaire de langue française en Ontario.

2.2 Les fondements théoriques de l'étude

Le cadre théorique de la présente étude repose sur la sociologie de l'éducation, la sociologie des rapports ethniques et la sociolinguistique, disciplines qui tiennent compte à la fois du contexte social dans lequel les rapports sociaux prennent place et de l'influence de certains facteurs (par exemple la classe sociale, l'ethnicité et les rapports sociaux de sexe) dans l'articulation de ces rapports.

À cause de mon objet d'étude, une attention toute spéciale a été portée aux notions d'ethnicité et de groupe ethnique, puisque ces concepts constituent le point de départ d'un examen approfondi du processus de construction et de représentation identitaires. Je m'inspire dans mon analyse des écrits qui traitent des rapports ethniques comme étant le résultat d'une construction sociale, où l'appartenance à un groupe particulier est interprétée comme étant étroitement liée aux interactions que vivent les individus entre eux dans le groupe, et avec d'autres à l'extérieur du groupe (Breton, 1968, 1984; Barth, 1969; Juteau-Lee, 1983; Taboada-Leonetti, 1990; Gérin-Lajoie, 1995a). Concernant en particulier le rapport à l'ethnicité, je partage l'opinion de Danielle Juteau (1999), lorsqu'elle dit que nous sommes tous et toutes ethniques, aux yeux de l'Autre. Elle ajoute que le rapport à l'ethnicité n'est pas inné. Comme le mentionne cette sociologue, «on ne naît pas ethnique, on le devient» (p. 87). Linda Cardinal (1994), en parlant spécifiquement des travaux de Juteau portant sur la francophonie minoritaire, explique que cette dernière «se propose de considérer le fait ethnique francophone comme un rapport social, une construction, au lieu de le faire apparaître dans l'analyse comme un produit de la superstructure ou un lieu de gestion des contradictions» (p. 74)[2]. De ces divers propos, je retiens que

---

[2] J'ai choisi délibérément de garder la référence au groupe ethnique, même s'il est ici question des francophones. En plus de m'inspirer de l'analyse de Danielle Juteau, je partage également l'avis de Breton (1994) lorsqu'il explique que, pour les sociologues, tous les groupes sociaux

le fondement d'une communauté n'est donc pas biologique, mais historique. Par exemple, le fait de naître dans une famille d'origine française ne signifie pas pour autant que l'on soit automatiquement francophone. On le sera en autant que l'on soit exposé à la langue et à la culture françaises et que l'on fasse le choix délibéré de vivre comme francophone[3]. Donc, le fait d'appartenir à un groupe particulier au moment de la naissance ne signifie pas nécessairement une allégeance à vie à ce groupe, même si l'individu partage une histoire, des valeurs, une culture et une langue communes, à un moment donné dans sa vie. L'identité au groupe se construit plutôt à partir des activités quotidiennes. Ce sont ces dernières qui définissent en fait les rapports sociaux. Le rapport à l'identité ne peut donc pas être décrit et compris en dehors du contexte social dans lequel il évolue, puisque c'est ce dernier qui lui donne son sens (Barth, 1969; Juteau, 1999). Les interactions entre les membres d'un groupe particulier vont ainsi influencer leur sens d'appartenance à ce groupe.

Dans le cas de la clientèle étudiée, celle des écoles secondaires minoritaires de langue française, ces interactions prennent place dans trois domaines particuliers: la famille, l'école et le groupe d'amies et amis. Ces trois contextes ne sont d'ailleurs pas mutuellement exclusifs. Prenons, par exemple, l'école. Cette dernière ne fait pas que transmettre des connaissances et socialiser les élèves, elle contribue de façon significative à la sauvegarde de la langue et de la culture françaises (Mougeon et Canale, 1979; Heller, 1987; Gérin-Lajoie, 1993, 1996). On constate également qu'en milieu francophone minoritaire, ce rôle associé à la survie de la langue et de la culture prend de plus en plus d'importance, étant donné que pour plusieurs élèves l'école représente le seul endroit où cette reproduction prend place. La famille, dans certains cas, n'est plus toujours en mesure de remplir elle-même ce rôle, à cause de sa propre assimilation au groupe linguistique dominant (Williams, 1987). Selon divers auteurs, deux phénomènes particuliers expliquent cette situation en milieu francophone minoritaire. Le premier consiste en une bilinguisation de plus en plus marquée du contexte familial (Bernard, 1998), même lorsque les deux parents sont francophones (Cardinal *et al.*, 1988). Le deuxième phénomène concerne le nombre toujours croissant de mariages exogames, où l'un des partenaires est francophone alors

---

représentent des groupes ethniques, même s'il existe différents types parmi ces derniers. Je tiens cependant à préciser que je ne fais référence d'aucune façon à une hiérarchie linguistique ou culturelle dans mon analyse.

[3] En milieu francophone minoritaire, ce choix s'avère d'ailleurs parfois difficile à faire, étant donné l'omniprésence de la culture anglo-saxonne.

que l'autre est anglophone (Bernard, 1990, 1998). Dans cette situation particulière, la langue d'usage à la maison passe souvent à l'anglais, puisque de façon générale un seul des parents est capable de maîtriser les deux langues, alors que l'autre ne s'exprime qu'en anglais. Dans ces conditions, il n'est pas rare que les enfants de cette famille maîtrisent mieux l'anglais que le français[4].

Le rapport à la langue possède ainsi un impact sur la façon dont les individus s'identifient à un groupe ethnique particulier. Dans le contexte franco-ontarien, par exemple, la langue a toujours constitué un élément central dans la construction de l'identité (Heller, 1994). À l'école secondaire, la façon dont les jeunes vont se définir sur le plan de l'identité collective aura des conséquences sur leur façon d'interpréter le monde dans lequel ils et elles vivent et sur la position qu'ils et qu'elles choisiront d'occuper au sein de leur groupe d'appartenance.

Donc, l'école s'avère un milieu social riche en activités de toutes sortes pour les élèves qui la fréquentent. La plupart de ces élèves y développent des réseaux spécifiques, où les amies et amis occupent une place centrale. Dans ces réseaux, on se trouve facilement en présence du français et de l'anglais et parfois même d'autres langues d'origine, ce qui amène ces adolescentes et ces adolescents à se réclamer très souvent d'une identité bilingue.

C'est à ce groupe d'élèves que mon étude s'est intéressée. Peu de recherches empiriques ont porté sur la relation qui existe entre la construction et la représentation identitaires et le bilinguisme/biculturalisme (Hamers et Blanc, 1983). On en retrouve encore moins sur la question de l'identité bilingue en contexte francophone minoritaire, à l'exception de quelques travaux (Heller 1987, 1999; Hébert, 1993; Boissonneault, 1996). Ces études sont d'ailleurs arrivées à la conclusion qu'une culture bilingue existerait en milieu scolaire, c'est-à-dire que les élèves se trouvant à la frontière des deux langues pourraient ainsi participer aux deux mondes à la fois[5].

La question fondamentale qui a soutenu l'étude à la base de cet ouvrage a été la suivante: une identité bilingue peut-elle véritablement exister? Les avis sur cette question sont partagés (Hamers et Blanc, 1983).

---

[4] Les écrits portant sur ce phénomène se sont basés sur les données du recensement canadien. Or, il existe présentement une remise en question des données mêmes. Langlois (2000) explique que les données recueillies dans le recensement canadien portent principalement sur la langue qui prédomine au foyer, tenant ainsi peu compte de la cohabitation linguistique que l'on retrouve, par exemple, dans plusieurs familles exogames.

[5] Ces études ont également fait remarquer que le français est souvent associé au travail et à l'autorité, alors que l'anglais, de son côté, est associé aux activités de détente et de plaisir avec les amies et amis et, dans bien des cas, avec les membres de la famille.

Est-il possible de passer d'une identité à l'autre et, selon les circonstances, de s'identifier comme francophone, anglophone ou bilingue? Breton (1994) semble penser que oui. L'auteur qualifie ce type de relation à la collectivité francophone de segmentaire ou situationnelle, où l'identification à un groupe particulier ne concerne qu'un volet de l'identité et de la vie sociale des individus. Par exemple, il serait possible d'afficher une identité francophone au sein de son milieu familial et une identité bilingue dans son milieu de travail. Cela signifierait ainsi que les individus font des choix réfléchis en ce qui a trait à l'identité à privilégier et que ces choix vont dépendre des circonstances. Dans ce sens, une identité bilingue représenterait un phénomène stable. D'autres, pour leur part, s'interrogent sur la stabilité d'un tel phénomène et se demandent si cela ne représente pas plutôt une phase transitoire vers une assimilation inévitable au groupe anglophone dominant. Ces diverses positions ont donc servi à alimenter mon questionnement au cours des trois années qu'a duré l'étude.

2.3 Les fondements méthodologiques de l'étude

Cet ouvrage s'appuie sur une étude menée, en grande partie, au moyen de techniques de recherche de type qualitatif associées à l'approche ethnographique. Il s'agit de l'entrevue semi-dirigée, de l'observation et de l'analyse documentaire. Cependant, l'étude a également eu recours, à ses débuts, à l'analyse quantitative par le biais d'un sondage qui a permis d'obtenir des informations factuelles sur les activités des adolescents et des adolescentes des écoles sélectionnées et sur leurs habitudes linguistiques.

2.3.1 La sélection des écoles

L'étude s'est déroulée dans trois écoles appartenant à deux conseils scolaires de langue française en Ontario. Au début de l'étude, deux écoles secondaires ont été sélectionnées. Une troisième institution est venue s'ajouter pendant la deuxième année du projet de recherche, lorsqu'une élève qui participait à l'étude s'est inscrite à une nouvelle école du même conseil scolaire. Nous l'avons donc suivie dans son nouveau milieu. Deux critères ont été utilisés pour la sélection des conseils scolaires. Ces critères ont porté sur: 1) le milieu de vie francophone — je voulais voir si les jeunes qui vivent dans un milieu fortement minorisé, comme c'est le cas dans le Centre de la province, possédaient un discours sur l'identité et le sens d'appartenance qui s'apparenterait à celui des jeunes qui vivent dans des régions plus francophones de la province, comme dans l'Est par exemple; 2) le type de conseil scolaire — le premier conseil faisait partie du système confessionnel, c'est-à-dire catholique, alors que le deuxième appartenait au système non confessionnel. Je voulais voir si des jeunes appartenant à deux systèmes scolaires différents percevaient leur rapport à l'identité de la même façon.

À cause de l'ampleur de la cueillette de données associée à l'approche ethnographique, deux écoles — une dans chaque conseil —, ont été sélectionnées au départ. Comme je l'ai mentionné précédemment, une troisième est venue s'y ajouter. Le choix des deux premières écoles s'est fait de la façon suivante. Dans le cas du conseil scolaire catholique, on n'y trouvait qu'une seule école secondaire, soit l'école St-Laurent. Dans le cas du système non confessionnel, c'est après avoir discuté longuement avec des représentants du conseil scolaire que mon choix s'est arrêté sur l'école Vigneault. L'école non confessionnelle Demers s'est ajoutée par la suite.

2.3.2 Le volet quantitatif

Le sondage a été administré, pendant la première année du projet, à 459 élèves de 10e et 11e année fréquentant les deux premières écoles sélectionnées. Les questions étaient, pour la plupart, fermées et portaient sur le lieu de naissance des élèves, les langues parlées par les élèves, les activités auxquelles ces élèves participent — à l'école et à l'extérieur de l'école — ainsi que la langue dans laquelle se font ces activités. Le sondage examinait également le profil de la famille, les pratiques langagières et les activités à la maison, les ressources accessibles en français à l'école, à la maison et dans la communauté, la vie sociale à l'école et à l'extérieur de l'école ainsi que le milieu du travail pour ceux et celles qui occupaient des emplois à temps partiel. L'administration de ce questionnaire poursuivait trois objectifs: 1) tout d'abord, il s'agissait d'obtenir de l'information factuelle sur les habitudes linguistiques des élèves dans leurs activités quotidiennes, 2) je voulais aussi obtenir de l'information biographique sur les élèves afin de dresser un profil de la population à l'étude et, 3) finalement, je voulais sélectionner un échantillon de dix élèves, pour participer au volet qualitatif du projet de recherche.

L'information recueillie a permis de connaître davantage la population étudiée. Le sondage, comme outil de recherche, présente cependant de sérieuses limites et c'est la raison pour laquelle il n'a été utilisé que pour son aspect descriptif et exploratoire, dans le but principal d'aider à la sélection des élèves pour le volet de recherche qualitatif.

2.3.3 Le volet qualitatif de type ethnographique

L'ethnographie a constitué la partie la plus importante de l'étude empirique. L'analyse des données recueillies a permis de tracer les portraits identitaires des adolescents et des adolescentes sélectionnés, c'est-à-dire qu'elle a été en mesure de fournir une description des pratiques sociales et langagières de ces jeunes dans diverses sphères de leur vie, de même que d'examiner leur discours sur la question identitaire et sur leur appartenance à la francophonie. Ce petit nombre de participantes et de participants se trouve justifié étant donné le type d'étude entreprise. Je rappelle que la recherche ethnographique constitue un processus par lequel on tente d'étudier les comportements d'un groupe dans un contexte social particulier dans le but d'arriver à interpréter le mieux possible cette réalité (Poisson, 1990). Il est donc important de bien comprendre la situation, ce qui implique, par conséquent, un processus de cueillette de données long et intense. La nature même de la présente étude nécessitait une approche de recherche qui tienne compte du quotidien des participantes et des participants. L'approche ethnographique se prêtait bien à une telle démarche puisque les parcours identitaires des jeunes ne pouvaient être examinés que dans le cadre d'une analyse qui leur donnait la parole et qui permettait d'examiner leurs expériences quotidiennes[6].

2.3.3.1 Les critères de sélection des jeunes qui ont participé au volet qualitatif

Trois critères ont servi à la sélection des participantes et des participants. Premièrement, les élèves devaient venir de familles où au moins un des parents était de langue maternelle française. Deuxièmement, une distinction s'imposait entre les familles dont les parents étaient originaires de l'Ontario et celles dont les parents étaient originaires de l'extérieur de la province. L'étude a tenu compte de ce critère en assurant une représentation des deux types. Troisièmement, l'échantillon devait comprendre des élèves qui, dans la majorité des cas, n'étaient pas des enfants uniques. Comme l'étude ethnographique portait sur les parcours identitaires des jeunes, il s'avérait important de mieux connaître les différentes facettes de leur réalité quotidienne. C'est pourquoi une attention particulière a été portée à l'école, à la famille, au groupe d'amis et amies, et au milieu de travail lorsque cela était approprié. Les nombreuses données recueillies ont ainsi permis de mieux comprendre la position que choisissent d'occuper les jeunes sélectionnés dans leur rapport à la langue et à la culture françaises.

---

[6] Pour une discussion plus détaillée des avantages de l'approche ethnographique dans l'étude du processus de construction identitaire, voir Gérin-Lajoie, D. 2002, «L'approche ethnographique comme méthodologie de recherche dans l'examen du processus de construction identitaire», *The Canadian Modern Language Review/La Revue canadienne des langues vivantes*, 59, 1, septembre, p. 77-96.

Entre septembre 1997 et avril 2000, l'équipe de recherche a effectué six séjours d'une semaine chacun dans les écoles sélectionnées, à raison de deux chercheurs par école, pour y faire des observations et des entrevues semi-dirigées, ainsi qu'une analyse des documents pertinents à la problématique de recherche[7]. De plus, en octobre 2000, les élèves se sont rencontrés à Toronto lors d'une session de travail d'une fin de semaine. Le but de cette rencontre était, d'une part, de permettre aux élèves de la région métropolitaine de Toronto et de la région d'Ottawa de se rencontrer et, d'autre part, de pouvoir échanger sur la problématique de l'identité et de parler de leur participation au processus de recherche qui avait cours depuis presque trois ans.

2.3.3.2 Les observations

Les élèves sélectionnés ont été observés dans leur milieu scolaire afin d'examiner de près le type d'interactions sociales auxquelles ces derniers participent et de voir de quelle façon ces interactions influencent la perception que les jeunes se font de leur appartenance linguistique et culturelle. La méthode privilégiée a été celle de l'observateur ou de l'observatrice qui participe (mieux connue en anglais sous le nom de *observer-as-participant*), c'est-à-dire que le rôle de la chercheure était connu des participants et des participantes et que c'est à ce titre que la participation aux activités du milieu a eu lieu (Atkinson et Hammerley, 1994). En d'autres mots, les élèves, de même que le personnel enseignant et de direction étaient au courant des raisons de notre présence à l'école. Lors des premiers séjours, l'équipe de recherche s'est assurée que sa présence en salle de classe était comprise de toutes et de tous.

Un total de 110 journées d'observation ont été effectuées pendant les trois années de fonctionnement du projet. L'équipe de recherche a observé les élèves au moment des cours, à la cafétéria, dans les corridors et les lieux où se tenaient les activités parascolaires. Les notes d'observation ont été retranscrites intégralement aux fins d'analyse. Lors de la session de travail qui s'est tenue à Toronto au début de la dernière année du projet de recherche, les échanges ont été filmés et enregistrés. Par la suite, l'enregistrement a été retranscrit de façon intégrale, toujours aux fins d'analyse.

2.3.3.3 Les entrevues semi-dirigées

L'étude a privilégié l'entrevue semi-dirigée, parce que ce type d'entrevue permet une certaine flexibilité lors de la cueillette des données. Pendant

---

[7] Les assistantes et assistants ont été Sylvie Roy pour l'école St-Laurent et Marquis Bureau, Amal Madibbo et Douglas Gosse pour les écoles Vigneault et Demers.

la première année de la cueillette des données, la première série d'entrevues semi-dirigées a porté principalement sur les habitudes langagières. Nous en avons aussi profité pour obtenir des informations personnelles sur les participants et les participantes. Ont collaboré à cette première série d'entrevues individuelles les élèves sélectionnés pour le volet ethnographique de la recherche, leurs parents ainsi que leurs frères et sœurs. La deuxième entrevue individuelle, faite avec les élèves uniquement, a porté sur l'école.

Pendant la deuxième année de l'étude, la troisième entrevue individuelle effectuée avec les élèves a porté sur leur rapport à la langue et à la culture françaises. Les questions renvoyaient à la vision des élèves en ce qui a trait à la langue et à la culture françaises, les ressources disponibles en français dans la communauté et l'utilisation qu'ils en faisaient, ainsi que sur les activités et les réunions familiales. La quatrième entrevue individuelle avec les élèves s'est concentrée, pour sa part, sur le groupe d'amis et amies. Nous nous sommes intéressés aux activités que font les jeunes avec leurs amis et amies pendant l'année scolaire et pendant l'été, à la langue dans laquelle se font ces activités et où ont lieu ces activités. Nous avons également réalisé des entrevues de groupe avec les amis et amies des élèves sélectionnés. Les questions ont porté sur l'importance d'étudier dans une école de langue française, sur les activités du groupe ainsi que sur la langue dans laquelle se font ces activités. L'équipe de recherche a également effectué des entrevues semi-dirigées individuelles auprès du personnel enseignant et de direction dans les écoles sélectionnées. Ces entrevues se sont concentrées sur le processus de construction et de représentation identitaires, sur la vision de l'enseignement dans une école minoritaire de langue française et sur les habitudes linguistiques et culturelles des élèves. Pendant la dernière année de l'étude, les élèves ont été interrogés également sur leur participation à des activités menés par des associations francophones, problématique examinée dans le cadre d'une autre étude en cours[8]. Enfin, une dernière entrevue individuelle a permis aux élèves de faire un retour sur leur participation à l'étude et de faire part de leurs projets d'avenir. L'équipe de recherche a également terminé la série d'entrevues avec les membres du personnel enseignant

---

[8] L'étude intitulée *La reproduction identitaire dans les communautés francophones minoritaires* s'inscrivait dans un programme de recherche de cinq ans, le *New Approaches to Lifelong Learning*, dirigé par le professeur David Livingstone à OISE/UT. L'objectif de mon étude était d'examiner si les organisations et les associations francophones en Ontario contribuent, de façon informelle, à la reproduction de la langue et de la culture françaises et au développement d'un sens d'appartenance à la francophonie chez les jeunes. Brigitte Roberge et Mélanie Knight ont agi à titre d'assistantes de recherche. Pour plus de détails, voir Gérin-Lajoie, D. 2001, *La reproduction identitaire dans les communautés francophones minoritaires*. Projet du NALL, Conseil de recherches en sciences humaines du Canada, Rapport de productivité, 10 p.

qui n'avaient pas encore été interrogés. Entre 1997 et 2000, un total de 115 entrevues ont été réalisées. Elles ont toutes été retranscrites intégralement aux fins d'analyse.

2.3.3.4 L'analyse documentaire

Enfin, l'équipe de recherche a également examiné les documents qui pouvaient être utiles dans le contexte du projet de recherche. Cette analyse a porté surtout sur l'information écrite décrivant les trois écoles qui ont participé à l'étude.

3 LE MOT DE LA FIN

Ceci complète donc la présentation du contexte de l'étude qui sert au présent ouvrage. Le chapitre suivant portera sur les résultats généraux du sondage. Une analyse descriptive des données recueillies permettra, je l'espère, de mieux saisir les pratiques langagières des jeunes des deux régions étudiées.

Chapitre 2
À propos des écoles
dont il sera ici question...

La deuxième partie de l'ouvrage sera consacrée, dans un premier temps, aux résultats du sondage effectué auprès des élèves des écoles St-Laurent et Vigneault. Dans un deuxième temps, je présenterai les portraits identitaires des jeunes qui ont participé au volet ethnographique de la présente étude. Il est cependant important, avant de présenter ces divers résultats, de fournir de brèves informations sur les écoles qui ont servi à l'étude et de décrire par la même occasion les régions de l'Ontario où elles se situent, soit le Centre et l'Est de la province.

La région du Centre de l'Ontario

Cette région comprend près de 100 000 francophones, dont un tiers n'est pas originaire du Canada ou est d'origine ethnique autre que française. C'est la région de langue maternelle française de l'Ontario la plus variée sur le plan ethnoculturel (Gilbert, 1999, p. 48). Le Centre de la province a connu un taux de croissance démographique important au cours des dernières années. Plusieurs facteurs viennent expliquer ce phénomène, comme par exemple, un besoin de personnel bilingue au sein de la fonction publique provinciale et la venue de nouveaux arrivants et arrivantes, que ce soit à titre de réfugiés politiques ou autres, qui viennent principalement de Haïti, de la Somalie, du Vietnam, du Sénégal et de la Tunisie. Cette population d'origines ethniques diverses, concentrée surtout à Toronto, représente le double de celle que l'on retrouve dans l'Est de la province (Allaire, 1999). Malgré un taux de croissance important — selon Gilbert (1999), ce taux aurait atteint 20% au cours des quinze dernières années —, les francophones demeurent très minoritaires dans cette région, entourés de cinq millions d'individus, où l'anglais représente la langue d'usage de la sphère publique. Les francophones demeurent donc relativement isolés et constituent une cellule française minoritaire[1], concept que Gilbert (1999) définit de la façon suivante:

> Les cellules minoritaires se distinguent des milieux de vie mixte par une proportion bien moins importante de francophones et par le nombre bien plus restreint d'institutions françaises. La vie en français dans ces milieux s'organise autour de la participation à certains événements ou à certains groupes, et la vie courante se déroule en anglais (p. 52).

Dans la sphère publique, l'école de langue française constitue souvent la seule institution à laquelle ont accès les francophones, avec l'Église et quelques associations.

L'école St-Laurent

L'école secondaire St-Laurent, créée à la fin des années soixante, appartient au système scolaire catholique et elle est située dans un quartier résidentiel de la région métropolitaine de Toronto. En 1997, l'école comptait 337 élèves et 23 membres chez le personnel enseignant. La très grande majorité des élèves, soit 289, suivaient des cours de niveau avancé, alors que le reste des élèves, soit 48 personnes, étaient inscrits à des cours de niveau général[2]. Même si la plupart des élèves sont nés en Ontario, on y retrouve une clientèle assez variée venant du Québec, de l'Acadie et de plusieurs pays étrangers tels que le Liban, la Somalie, l'Égypte et Haïti[3]. La majorité de ces élèves vivent dans des familles bi-parentales, appartenant,

---

[1] Gilbert (1999) se sert de la typologie créée en 1991 par l'équipe de Vision d'avenir de la Fédération des jeunes canadiens-français, qui définit trois types de communauté francophone: les communautés de vie française, les milieux de vie mixte et les cellules françaises minoritaires (p. 50).

[2] Au moment où l'étude a été réalisée, le système scolaire ontarien comprenait trois niveaux de difficulté au palier secondaire: le niveau avancé, pour les élèves qui voulaient entreprendre des études universitaires; le niveau général, pour les élèves qui s'inscrivaient dans les collèges communautaires; le niveau fondamental, pour les élèves qui ne poursuivaient pas d'études postsecondaires.

[3] Même si ces élèves demeurent plus nombreux dans le système scolaire non confessionnel, leur présence au sein des écoles catholiques est de plus en plus importante.

en très grande partie, à la classe moyenne. Le personnel enseignant est originaire pour la plupart de l'Ontario français, bien que quelques individus viennent aussi du Québec, de l'Acadie, ainsi que de l'Espagne et du Liban. L'école est fortement influencée par le milieu anglophone dominant.

LA RÉGION DE L'EST DE L'ONTARIO

L'Est est la région de la province où l'on retrouve la plus forte concentration de francophones. C'est aussi dans cette région de la province que les francophones sont les plus scolarisés. Même si elle demeure importante en nombres, la population francophone de l'Est a quand même subi des transformations sur le plan démographique au cours des dernières années. Selon Gilbert (1999), «les proportions de francophones eu égard à la population totale des municipalités de la région, ont presque partout diminué dans la région» (p. 104). Le phénomène de minorisation commence donc à s'y faire sentir, surtout dans la région même d'Ottawa où se situent les deux écoles qui ont participé à l'étude.

La région métropolitaine d'Ottawa peut donc être considérée comme un milieu de vie mixte selon la typologie de la Fédération des jeunes canadiens-français. Selon Gilbert (1999), ce type représente un environnement bilingue où les membres de la communauté participent à des activités de langue anglaise, mais où la participation à des activités de langue française est aussi rendue possible par le biais d'un certain nombre d'institutions (p. 51).

L'école Vigneault

L'école secondaire Vigneault a été fondée en 1980 et appartient à un conseil scolaire non confessionnel de l'Est de la province. En 1997, l'école comptait près de 750 élèves qui viennent de la région immédiate d'Ottawa-Carleton, mais également de régions plus éloignées comme Rockland, Casselman, etc. Ces élèves sont principalement d'origine française, même si l'on retrouve un assez grand nombre de foyers exogames, où l'anglais est présent. Les élèves des minorités visibles représentent environ 10% de la clientèle de l'école. La très grande majorité des élèves de l'école Vigneault sont inscrits à des cours de niveau avancé, bien qu'on y retrouve aussi des cours de niveau général. Un système d'encadrement structuré est offert aux élèves qui éprouvent des difficultés d'apprentissage. L'école Vigneault possède une réputation enviable dans la région en matière de sports et de technologie. Les membres du personnel enseignant y sont au nombre de 50. Certains de ces membres sont là depuis la création de l'école. La majorité des enseignantes et des enseignants est d'origine franco-ontarienne. Même si elle se trouve dans une région de la province où les francophones sont bien représentés, on constate que l'école commence néanmoins à subir l'influence du milieu anglophone.

L'école Demers

La troisième école secondaire qui a participé à l'étude appartient au même conseil scolaire que l'école Vigneault. L'école Demers, fondée en 1971, est une école dont la vocation est de former des élèves qui entreprendront, pour la plupart, des études postsecondaires, surtout de niveau universitaire. L'école possède un centre de douance et des concentrations en musique et en théâtre. On y retrouve près de 1 100 élèves, dont près de 375 fréquentent le centre d'excellence artistique et 125 sont inscrits au programme de douance. Le reste des élèves se retrouvent dans le programme régulier. La représentation d'élèves nés à l'extérieur du Canada n'est pas aussi importante que dans d'autres écoles du conseil scolaire; elle se chiffre à environ 10%. Les enseignantes et les enseignants sont au nombre de 70 et la majorité d'entre eux sont d'origine franco-ontarienne. Comme dans le cas de l'école Vigneault, on peut remarquer l'influence du milieu anglophone à l'école Demers. Il est à noter, cependant, que cette influence est apparue moins forte dans ces deux institutions qu'à l'école St-Laurent.

POUR CONCLURE

La présentation des deux régions montre des différences relativement importantes entre ces deux milieux de vie. Je tiens cependant à faire remarquer que ces différences ne sont pas aussi tranchées qu'on le laisse parfois supposer. Par exemple, malgré le fait que dans le Centre les francophones soient très minorisés, la région a néanmoins connu une croissance démographique assez importante au cours des dernières années. Par ailleurs, l'Est de la province subit aussi un phénomène de minorisation, quoique la présence francophone y demeure forte.

Les écoles fréquentées par les jeunes qui ont participé à la présente étude possèdent chacune des caractéristiques qui leur sont propres. Sur le plan des nombres, nous sommes en présence de trois types d'école: une petite école (St-Laurent), une école de taille moyenne (Vigneault) et une grande école (Demers). Elles possèdent une bonne réputation au sein de la communauté franco-ontarienne pour différentes raisons. Néanmoins, elles ont quelque chose en commun. Toutes trois sont témoins d'un changement au niveau de la clientèle scolaire qu'elles desservent. Elles doivent composer à présent avec des élèves qui ne forment plus un groupe homogène sur le plan linguistique et culturel et dont le rapport à l'identité varie de plus en plus.

Les résultats du sondage que je présente dans le chapitre suivant illustreront mon propos. Par la suite, je vous ferai faire la connaissance de Leslie, Pierre, Gabrielle, Mélodie et Mathieu qui habitent dans la région d'Ottawa. Enfin, nous nous rendrons dans la région de Toronto, pour rencontrer Élizabeth, Annie et Phillias[4].

---

[4] Tous les noms ont été changés afin de préserver l'anonymat des participantes et des participants. Ce sont les élèves qui ont choisi leurs noms fictifs.

DEUXIÈME PARTIE

Chapitre 3
Résultats du sondage portant sur les habitudes linguistiques des élèves

1 Introduction

Comme je l'ai déjà mentionné dans le chapitre précédent, le sondage dont il est ici question avait pour but de fournir des informations sur les habitudes linguistiques des élèves des écoles Vigneault et St-Laurent. On se rappellera également que les raisons pour administrer le sondage étaient de trois ordres: 1) obtenir des informations factuelles sur les habitudes linguistiques des jeunes dans leurs activités quotidiennes, 2) obtenir des informations biographiques sur ces jeunes dans le but de dresser un profil de la population à l'étude, et 3) choisir un échantillon de jeunes pour le volet ethnographique de l'étude.

Les questions du sondage ont porté sur les habitudes linguistiques des jeunes dans les quatre sphères suivantes: 1) la vie familiale, 2) la vie scolaire, 3) la vie sociale en dehors des murs de l'école, et 4) le milieu du travail, pour ceux et celles qui détenaient un emploi à temps partiel ou qui faisaient du bénévolat.

Le nombre total d'élèves qui ont participé au sondage se chiffre à 459. L'analyse de 158 questionnaires a pu être effectuée. En effet, bien que tous les questionnaires nous aient été retournés remplis, uniquement ceux dont les parents des élèves avaient signé le formulaire de consentement ont pu être utilisés, ce qui a représenté 34,4% de notre échantillon.

1.1 Le questionnaire

Un questionnaire, composé de 35 questions fermées pour la plupart, a été administré aux élèves par le personnel enseignant des deux écoles. Le logiciel SPSS (*Statistical Package for the Social Sciences*) a servi à l'entrée des données et à l'analyse descriptive des résultats. Le questionnaire était divisé en six sections portant sur le profil des élèves, le profil familial, le profil langagier au sein de la famille, le profil langagier au sein de l'école, le profil langagier dans les activités prenant place à l'extérieur de l'école et, enfin, le profil langagier des élèves détenant un emploi ou faisant du bénévolat.

2 RÉSULTATS DU SONDAGE
2.1 Le profil des élèves

Les tableaux 1, 2 et 3 présentent un profil des 158 élèves qui fréquentent les deux écoles sélectionnées: soit 87 filles et 71 garçons. Au moment de l'administration du sondage, ces jeunes étaient en 10ᵉ et 11ᵉ année et la majorité d'entre eux étaient âgés de 15 et 16 ans.

TABLEAU 1
Sexe des élèves

Choix de réponses	École Vigneault	École St-Laurent	École Vigneault (en %)	École St-Laurent (en %)
Garçon	39	32	43,8	46,4
Fille	50	37	56,2	53,6
Total	89	69	100,0	100,0

TABLEAU 2
Âge des élèves

Choix de réponses	École Vigneault	École St-Laurent	École Vigneault (en %)	École St-Laurent (en %)
14 ans	9	4	10,1	5,8
15 ans	27	36	30,3	52,2
16 ans	48	25	54,0	36,2
17 ans	3	2	3,3	2,9
18 ans	1	2	1,1	2,9
Sans réponse	1	0	1,1	0,0
Total	89	69	99,9	100,0

TABLEAU 3
Année scolaire des élèves

Choix de réponses	École Vigneault	École St-Laurent	École Vigneault (en %)	École St-Laurent (en %)
10ᵉ année	34	41	38,2	59,4
11ᵉ année	55	27	61,8	39,1
Sans réponse	0	1	0,0	1,4
Total	89	69	100,0	99,9

La majorité des élèves des deux écoles sont nés au Canada. À l'école Vigneault, 66,2% sont nés dans la région, alors que 9% viennent de l'extérieur du Canada. À l'école St-Laurent, 48% sont nés dans la région centrale de l'Ontario, alors que 20,2% des élèves viennent d'autres pays — voir le tableau 4. La plupart des élèves ont fréquenté une école élémentaire de langue maternelle française. Peu d'entre eux ont fréquenté des écoles élémentaires où la langue d'enseignement était l'anglais — voir le tableau 5.

TABLEAU 4
Lieu de naissance des élèves

Choix de réponses	École Vigneault	École St-Laurent	École Vigneault (en %)	École St-Laurent (en %)
Ontario	1	2	1,1	2,9
Ontario-Moyen-Nord	6	0	6,7	0,0
Ontario-Sud-Ouest	1	2	1,1	2,9
Ontario-Centre	0	33	0,0	48,0
Ontario-Est	59	3	66,2	4,3
Québec	11	12	12,3	17,3
Nouveau-Brunswick	2	0	2,2	0,0
Ailleurs au Canada	0	3	0,0	4,3
Ailleurs dans le monde	8	14	9,0	20,2
Sans réponse	1	0	1,1	0,0
Total	89	69	99,7	99,9

TABLEAU 5

École élémentaire des élèves — langue d'enseignement

Choix de réponses	École Vigneault	École St-Laurent	École Vigneault (en %)	École St-Laurent (en %)
Français	83	63	93,2	91,3
Anglais	3	0	3,3	0,0
Immersion française	2	5	2,2	7,2
Sans réponse	1	1	1,1	1,4
Total	89	69	99,8	99,9

Nous avons demandé aux élèves de quelle façon ils et elles se considéraient en ce qui concerne leur appartenance à un groupe linguistique et culturel particulier. Dans le questionnaire, les catégories présentées faisaient référence à l'unilinguisme, au bilinguisme ou au trilinguisme sous diverses formes. La majorité des élèves des deux écoles ont indiqué qu'ils et elles se percevaient comme étant bilingues. À l'école Vigneault, c'est dans une proportion de 83% — incluant ici toutes les réponses qui indiquent l'usage d'au moins deux langues. Parmi ces élèves, plus de la moitié (54%) ont mentionné que le français était leur langue dominante. Dans le cas des élèves de l'école St-Laurent, 89,7% des élèves ont indiqué faire l'usage d'au moins deux langues. 29% d'entre eux ont précisé que le français était leur langue dominante, alors que 30,4% des élèves ont révélé que, dans leur cas, c'était l'anglais. Ceux et celles qui ont dit se percevoir uniquement comme francophones représentent 10,1% de l'échantillon à l'école Vigneault et 5,8% à l'école St-Laurent. On note également que 2,9% des élèves à l'école St-Laurent ont indiqué qu'ils et elles se considéraient comme anglophones, alors qu'il n'y en pas à l'école Vigneault — voir le tableau 6.

TABLEAU 6

Sens d'appartenance des élèves

Choix de réponses	École Vigneault	École St-Laurent	École Vigneault (en %)	École St-Laurent (en %)
Anglophone	0	2	0,0	2,9
Bilingue	4	2	4,5	2,9
Bilingue (français, anglais)	48	20	54,0	29,0
Bilingue (anglais, français)	11	21	12,3	30,4
Français-autre	1	0	1,1	0,0
Francophone	9	4	10,1	5,8
Trilingue (français, anglais, autre)	5	5	5,6	7,2
Trilingue (anglais, français, autre)	1	3	1,1	4,3
Trilingue (autre, français, anglais)	3	7	3,3	10,1
Trilingue (autre, anglais, français)	1	4	1,1	5,8
Autre	4	1	4,5	1,4
Sans réponse	2	0	2,2	0
Total	89	69	99,8	99,8

2.2 Le profil familial

2.2.1 Lieu de naissance des parents, tuteurs et tutrices

À l'école Vigneault, une plus grande proportion de parents (pères ou tuteurs et mères ou tutrices) sont nés dans cette région de la province ainsi qu'au Québec, plutôt qu'à d'autres endroits ailleurs au pays ou même dans le monde. La proportion est de 43,7% dans le cas de la mère ou de la tutrice — 22,4% dans l'Est de l'Ontario et 21,3% au Québec —, et de 55% dans le cas du père ou du tuteur — 28% dans l'Est de l'Ontario et 29% au Québec. Pour leur part, les mères ou les tutrices de l'école Vigneault qui sont nées à l'extérieur du pays représentent 13,5% de l'échantillon. À l'école St-Laurent, 49,2% des mères ou des tutrices sont nées à l'extérieur du Canada, ce qui constitue le pourcentage le plus élevé parmi les divers lieux de naissance dans cette catégorie. Viennent ensuite les mères ou les tutrices qui sont nées au Québec; on les retrouve dans une proportion de 26,1%.

En ce qui concerne les lieux de naissance des pères ou des tuteurs de l'école St-Laurent, 59,3% d'entre eux sont nés à l'extérieur du Canada, comparativement à 19,1% à l'école Vigneault. Comme dans le cas des mères et des tutrices, une forte proportion des pères et des tuteurs de l'école St-Laurent sont originaires de l'extérieur du Canada — voir les tableaux 7 et 8.

TABLEAU 7
Lieu de naissance de la mère ou de la tutrice

Choix de réponses	École Vigneault	École St-Laurent	École Vigneault (en %)	École St-Laurent (en %)
Ontario	9	2	10,1	2,9
Ontario-Grand-Nord	3	0	3,3	0,0
Ontario-Moyen-Nord	6	3	6,7	4,3
Ontario-Sud-Ouest	0	2	0,0	2.9
Ontario-Centre	13	4	14.6	5,7
Ontario-Est	20	1	22,4	1,4
Québec	19	18	21,3	26,1
Nouveau-Brunswick	1	1	1,1	1,4
Ailleurs au Canada	1	2	1,1	2,9
Ailleurs, pays francophone	5	21	5,6	30,4
Ailleurs, pays non francophone	7	13	7,9	18,8
Sans réponse	5	2	5,6	2,9
Total	89	69	99,7	99,7

TABLEAU 8
Lieu de naissance du père ou du tuteur

Choix de réponses	École Vigneault	École St-Laurent	École Vigneault (en %)	École St-Laurent (en %)
Ontario	10	0	11,2	0,0
Ontario-Grand-Nord	4	1	4,5	1,4
Ontario-Moyen-Nord	0	2	0,0	2,9
Ontario-Sud-Ouest	0	2	0,0	2,9
Ontario-Centre	0	5	0,0	7,2
Ontario-Est	25	1	28,0	1,4
Québec	24	11	27,0	16,0
Nouveau-Brunswick	1	1	1,1	1,4
Ailleurs au Canada	1	3	1,1	4,3
Ailleurs pays francophone	7	27	7,9	39,1
Ailleurs pays non francophone	10	14	11,2	20,2
Sans réponse	7	2	7,9	2,9
Total	89	69	99,9	99,7

2.2.2 Langue maternelle des parents, tuteurs et tutrices

À l'école Vigneault, 76,4% des élèves ont indiqué le français comme langue maternelle de leur mère ou de leur tutrice, comparativement à 46,3% à l'école St-Laurent. En ce qui concerne les mères ou les tutrices de langue maternelle anglaise, elles constituent 6,7% de l'échantillon à l'école Vigneault et 14,5% de celui-ci à l'école St-Laurent. Enfin, le pourcentage de mères ou de tutrices qui possèdent une langue maternelle autre que le français ou l'anglais se chiffre à 14,6% à l'école Vigneault, comparativement à 37,6% à l'école St-Laurent.

Dans le cas des pères ou des tuteurs, les proportions demeurent à peu près les mêmes. Les pères ou les tuteurs de langue maternelle française constituent 65,1% de l'échantillon à l'école Vigneault et 39,1% à l'école St-Laurent. Ceux qui possèdent l'anglais comme langue maternelle se retrouvent dans une proportion de 12,3% à l'école Vigneault, comparativement à 21,7% à l'école St-Laurent. Enfin, les pères ou les tuteurs de langue maternelle autre que le français ou l'anglais constituent 21,1% de l'échantillon à l'école Vigneault et 36,2% à l'école St-Laurent — voir les tableaux 9 et 10.

TABLEAU 9
Langue maternelle de la mère ou de la tutrice

Choix de réponses	École Vigneault	École St-Laurent	École Vigneault (en %)	École St-Laurent (en %)
Français	68	32	76,4	46,3
Anglais	6	10	6,7	14,5
Autre	13	26	14,6	37,6
Sans réponse	2	1	2,2	1,4
Total	89	69	99,9	99,8

TABLEAU 10
Langue maternelle du père ou du tuteur

Choix de réponses	École Vigneault	École St-Laurent	École Vigneault (en %)	École St-Laurent (en %)
Français	58	27	65,1	39,1
Anglais	11	15	12,3	21,7
Autre	19	25	21,3	36,2
Sans réponse	1	2	1,1	2,9
Total	89	69	99,8	99,9

2.2.3 Occupation des parents, tuteurs et tutrices

À l'école Vigneault, les mères ou les tutrices se retrouvent à 31,4% dans des emplois professionnels, ce qui représente la proportion la plus importante dans les catégories d'emploi suggérées. Elles sont suivies par celles détenant un emploi dans le secteur du secrétariat et des ventes, ces dernières représentant 21,3% de l'échantillon. À l'école St-Laurent, c'est la catégorie du secrétariat et des ventes qui regroupe le plus d'individus, avec un pourcentage de 33,3%, alors que les professionnelles constituent 24,6% de notre échantillon. En ce qui concerne les pères ou les tuteurs, les proportions sont les suivantes: à l'école Vigneault, la catégorie professionnelle rassemble 41,5% de notre échantillon. La situation est semblable à l'école St-Laurent, où 40,6% des pères ou des tuteurs sont des professionnels. La deuxième occupation en importance à l'école Vigneault est celle de col bleu, dans une proportion de 18%. À l'école St-Laurent, c'est le domaine du secrétariat et des ventes qui suit les emplois professionnels, avec une proportion de travailleurs de 15,9% — voir les tableaux 11 et 12.

TABLEAU 11
Occupation de la mère ou de la tutrice

Choix de réponses	École Vigneault	École St-Laurent	École Vigneault (en %)	École St-Laurent (en %)
Sans rémunération	10	8	11,2	11,6
Propriétaire-gestionnaire	4	2	4,5	2,9
Professionnelle	28	17	31,4	24,6
Secrétariat-ventes	19	23	21,3	33,3
Col bleu	15	2	16,9	2,9
Autre	1	2	1,1	2,9
Sans réponse	12	15	13,4	21,7
Total	89	69	99,8	99,9

TABLEAU 12
Occupation du père ou du tuteur

Choix de réponses	École Vigneault	École St-Laurent	École Vigneault (en %)	École St-Laurent (en %)
Sans rémunération	6	0	6,7	0,0
Propriétaire-gestionnaire	8	6	9,0	8,7
Professionnel	37	28	41,5	40,6
Secrétariat-ventes	10	11	11,2	15,9
Col bleu	16	9	18,0	13,0
Autre	0	4	0,0	5,8
Sans réponse	12	11	13,4	16,0
Total	89	69	99,8	100,0

En ce qui concerne la langue de travail pour les mères ou les tutrices, il existe des différences entre les deux écoles. En effet, les mères ou les tutrices de l'école Vigneault travaillent dans une proportion de 38,2% en français, alors que cette proportion se limite à 17,4% pour celles de l'école St-Laurent. Il est à noter également qu'à l'école St-Laurent, les mères ou les tutrices travaillent en anglais dans une proportion de 52,2%, comparativement à 20,2% à l'école Vigneault. Une donnée qui semble surprenante est celle des mères ou des tutrices de l'école Vigneault qui travaillent dans une langue autre que le français ou l'anglais dans une proportion de 31,4% — peut-être les élèves ont-ils inclus les mères ou les tutrices qui n'ont pas d'emploi à l'extérieur et qui s'occupent de leurs enfants et du travail domestique à la maison. Une autre possibilité pourrait être la suivante: les élèves ont peut-être mis dans la catégorie «autre» les parents qui travaillent dans les deux langues, soit le français et l'anglais. À l'école St-Laurent, cette proportion baisse à 18,8%.

Du côté des pères ou des tuteurs, la langue de travail pour ceux de l'école Vigneault correspond à 65,1% pour le français, alors que l'anglais ne représente que 12,3%. On retrouve la situation inverse à l'école St-Laurent, où 10,1% de l'échantillon des pères ou des tuteurs travaillent en français, comparativement à 66,7% en anglais. En ce qui concerne l'usage d'une troisième langue en milieu de travail, le même résultat vaut aussi pour les hommes, mais dans une proportion moins importante, soit 21,3% à l'école Vigneault, comparativement à 10,1% à l'école St-Laurent — voir les tableaux 13 et 14.

TABLEAU 13

Langue de travail de la mère ou de la tutrice

Choix de réponses	École Vigneault	École St-Laurent	École Vigneault (en %)	École St-Laurent (en %)
Français	34	12	38,2	17,4
Anglais	18	36	20,2	52,2
Autre	28	13	31,4	18,8
Sans réponse	9	8	10,1	11,5
Total	89	69	99,9	99,9

TABLEAU 14

Langue de travail du père ou du tuteur

Choix de réponses	École Vigneault	École St-Laurent	École Vigneault (en %)	École St-Laurent (en %)
Français	58	7	65,1	10,1
Anglais	11	46	12,3	66,7
Autre	19	7	21,3	10,1
Sans réponse	1	9	1,1	13,0
Total	89	69	99,8	99,9

2.3 Le profil langagier au sein de la famille
2.3.1 La langue d'usage avec les parents, tuteurs, tutrices

Les élèves de l'école Vigneault parlent français avec leurs parents, leurs tuteurs ou leurs tutrices dans une proportion plus importante que ne le font ceux et celles de l'école St-Laurent. À l'école Vigneault, 42,2% des élèves affirment parler *toujours* en français avec leur mère ou leur tutrice, et 44,4% font la même affirmation en ce qui concerne la langue d'usage avec leur père ou leur tuteur. Ces pourcentages sont beaucoup plus faibles lorsqu'on examine les résultats de l'école St-Laurent. En effet, 23,2% utilisent *toujours* le français avec leur mère ou leur tutrice et cette proportion passe à 27,5% avec le père ou le tuteur. Lorsqu'on examine la situation des élèves qui ne parlent *jamais* français à leurs parents, leurs tuteurs ou leurs tutrices, nous trouvons les résultats suivants: à l'école Vigneault, il s'agit de 4,4% lorsqu'on parle avec la mère ou la tutrice et de 14, 4% avec le père ou le tuteur. On constate à la lecture des tableaux que l'utilisation de l'anglais est plus fréquente pour les élèves de l'école St-Laurent que pour ceux et celles de l'école Vigneault — voir les tableaux 15 et 16.

TABLEAU 15

Langue parlée à la maison avec la mère ou la tutrice — par école

Choix des réponses (en %)	Jamais Vign.	St-L.	Parfois Vign.	St-L.	Souvent Vign.	St-L.	Toujours Vign.	St-L.
En français	4,4	13,0	16,7	27,5	33,3	30,4	42,2	23,2
En anglais	21,1	14,5	37,8	29,0	22,2	23,2	8,9	27,5
Dans une autre langue	66,7	55,1	10,0	8,7	4,4	5,8	6,7	15,9

TABLEAU 16

Langue parlée à la maison avec le père ou le tuteur — par école

Choix des réponses (en %)	Jamais Vign.	St-L.	Parfois Vign.	St-L.	Souvent Vign.	St-L.	Toujours Vign.	St-L.
En français	14,4	29,0	10,0	26,1	23,3	8,7	44,4	27,5
En anglais	22,2	18,8	34,4	23,2	16,7	17,4	16,7	31,9
Dans une autre langue	68,9	55,1	7,8	4,3	2,2	10,1	6,7	11,6

2.3.2 La langue d'usage avec les frères et les sœurs

De façon générale, les résultats révèlent que la majorité des élèves utilisent davantage l'anglais avec leurs frères et sœurs, qu'ils et elles ne le font avec leurs parents. À l'école Vigneault, les élèves qui parlent *toujours* français à leurs frères et sœurs représentent 35,6% de notre échantillon, comparativement à un pourcentage de 11,6% à l'école St-Laurent. Ces mêmes élèves indiquent parler *toujours* en anglais avec leurs frères et sœurs dans une proportion de 49,3%, comparativement à 16,7% à l'école Vigneault — voir le tableau 17.

TABLEAU 17

Langue parlée à la maison avec les frères et les sœurs

Choix des réponses (en %)	Jamais Vign.	St-L.	Parfois Vign.	St-L.	Souvent Vign.	St-L.	Toujours Vign.	St-L.
En français	10,0	15,9	20,0	40,6	22,2	21,7	35,6	11,6
En anglais	16,7	4,3	23,3	15,9	24,4	24,6	16,7	49,3
Dans une autre langue	63,3	52,2	11,1	10,1	0,0	7,2	0,0	8,7

2.3.3 Le matériel disponible en français à la maison

Cette section possédait deux volets. Le premier portait sur la disponibilité de matériel en français à la maison, alors que le deuxième s'intéressait
plus particulièrement à l'usage que les élèves faisaient de ce matériel. En
ce qui concerne le matériel en français disponible au sein de la famille, il
semble que les élèves des deux écoles possèdent, à peu de choses près, le
même accès au matériel en français. En fait, il semble même que les
élèves de l'école St-Laurent soient un peu mieux nantis que ceux et celles
de l'école Vigneault dans ce domaine. Les pourcentages indiquent, en
effet, que dans 6 cas sur 9, les élèves de l'école St-Laurent ont accès, dans
une proportion plus grande que ceux et celles de l'autre école, au matériel de langue française à la maison.

Ces données nous semblent particulièrement intéressantes dans le
contexte de notre recherche. Au départ, on pourrait en effet supposer
que l'Est de la province se trouve mieux pourvu en ce qui a trait aux
ressources en français à cause de la présence d'un plus grand nombre de
francophones et de la proximité du Québec, où il est plus facile de se
procurer du matériel dans cette langue. Les données semblent cependant
indiquer le contraire, même si l'école St-Laurent est située dans une
région de la province fortement minorisée — voir les tableaux 18 à 26.

TABLEAU 18
Livres de langue française à la maison

Choix de réponses	École Vigneault	École St-Laurent	École Vigneault (en %)	École St-Laurent (en %)
Oui	80	63	89,9	91,3
Non	6	4	6,7	5,8
Je ne sais pas	2	2	2,2	2,9
Sans réponse	1	0	1,1	0
Total	89	69	99,9	100,0

TABLEAU 19

Revues et périodiques de langue française à la maison

Choix de réponses	École Vigneault	École St-Laurent	École Vigneault (en %)	École St-Laurent (en %)
Oui	49	43	55,0	62,3
Non	35	23	39,3	33,3
Je ne sais pas	4	2	4,5	2,9
Sans réponse	1	1	1,1	1,4
Total	89	69	99,9	99,9

TABLEAU 20

Journaux de langue française à la maison

Choix de réponses	École Vigneault	École St-Laurent	École Vigneault (en %)	École St-Laurent (en %)
Oui	39	28	43,8	40,6
Non	43	36	48,3	52,2
Je ne sais pas	6	4	6,7	5,8
Sans réponse	1	1	1,1	1,4
Total	89	69	99,9	100,0

TABLEAU 21

Dictionnaires de langue française à la maison

Choix de réponses	École Vigneault	École St-Laurent	École Vigneault (en %)	École St-Laurent (en %)
Oui	84	67	94,3	97,1
Non	1	1	1,1	1,4
Je ne sais pas	2	0	2,2	0,0
Sans réponse	2	1	2,2	1,4
Total	89	69	99,8	99,9

TABLEAU 22

Encyclopédies de langue française à la maison

Choix de réponses	École Vigneault	École St-Laurent	École Vigneault (en %)	École St-Laurent (en %)
Oui	55	42	61,8	60,9
Non	28	25	31,4	36,2
Je ne sais pas	5	1	5,6	1,4
Sans réponse	1	1	1,1	1,4
Total	89	69	99,9	99,9

TABLEAU 23

Disques de langue française à la maison

Choix de réponses	École Vigneault	École St-Laurent	École Vigneault (en %)	École St-Laurent (en %)
Oui	47	49	52,8	71,0
Non	35	17	39,3	24,6
Je ne sais pas	6	2	6,7	2,9
Sans réponse	1	1	1,1	1,4
Total	89	69	99,9	99,9

TABLEAU 24

Vidéocassettes de langue française à la maison

Choix de réponses	École Vigneault	École St-Laurent	École Vigneault (en %)	École St-Laurent (en %)
Oui	30	26	33,7	37,7
Non	55	38	61,8	55,1
Je ne sais pas	3	5	3,3	7,2
Sans réponse	1	0	1,1	0,0
Total	89	69	99,9	100,0

TABLEAU 25
Jeux vidéo de langue française à la maison

Choix de réponses	École Vigneault	École St-Laurent	École Vigneault (en %)	École St-Laurent (en %)
Oui	8	3	9,0	4,3
Non	73	60	82,0	87,0
Je ne sais pas	7	6	7,9	8,7
Sans réponse	1	0	1,1	0,0
Total	89	69	100,0	100,0

TABLEAU 26
Logiciels et CD ROMs de langue française à la maison

Choix de réponses	École Vigneault	École St-Laurent	École Vigneault (en %)	École St-Laurent (en %)
Oui	35	33	39,3	47,8
Non	43	28	48,3	40,6
Je ne sais pas	9	7	10,1	10,1
Sans réponse	2	1	2,2	1,4
Total	89	69	99,9	99,9

En ce qui concerne les activités en français que les élèves font à la maison, on constate que la même situation prévaut dans les deux écoles. Ils et elles indiquent dans une même proportion la tenue — ou non — d'activités en français. Sur huit activités — lire des livres, lire des revues, lire les journaux, écouter la radio, regarder la télévision et des vidéos, utiliser des jeux vidéo et utiliser des logiciels —, leurs réponses varient surtout entre *jamais* et *parfois*. Les résultats semblent indiquer que les élèves des deux régions privilégient plutôt les activités en anglais — voir les tableaux 27 à 34.

TABLEAU 27
Activités à la maison — lire des livres de langue française

Choix des réponses (en %)	Jamais		Parfois		Souvent		Toujours	
	Vign.	St-L.	Vign.	St-L.	Vign.	St-L.	Vign.	St-L.
En français	7,8	11,6	55,6	55,1	27,8	20,3	6,7	11,6
En anglais	7,8	4,3	46,7	33,3	37,8	43,5	3,3	17,4
Dans une autre langue	82,2	68,1	4,4	8,7	1,1	2,9	0,0	1,4

TABLEAU 28
Activités à la maison — lire des revues de langue française

Choix des réponses (en %)	Jamais		Parfois		Souvent		Toujours	
	Vign.	St-L.	Vign.	St-L.	Vign.	St-L.	Vign.	St-L.
En français	42,2	42,0	36,7	31,9	13,3	20,3	3,3	2,9
En anglais	5,6	2,9	20,0	11,6	38,9	40,6	31,1	42,0
Dans une autre langue	83,3	69,9	2,2	7,2	1,1	2,9	1,1	1,4

TABLEAU 29
Activités à la maison — lire des journaux de langue française

Choix des réponses (en %)	Jamais		Parfois		Souvent		Toujours	
	Vign.	St-L.	Vign.	St-L.	Vign.	St-L.	Vign.	St-L.
En français	48,9	50,7	31,1	27,5	8,9	8,7	5,6	7,2
En anglais	12,2	4,3	34,4	18,8	28,9	40,6	20,0	34.8
Dans une autre langue	83,3	68,1	2,2	7,2	1,1	2,9	1,1	1,4

TABLEAU 30
Activités à la maison — écouter la radio de langue française

Choix des réponses (en %)	Jamais		Parfois		Souvent		Toujours	
	Vign.	St-L.	Vign.	St-L.	Vign.	St-L.	Vign.	St-L.
En français	55,1	48,9	26,1	26,7	8,7	15,6	2,9	1,1
En anglais	2,9	3,3	7,2	12,2	18,8	25,6	68,1	55,6
Dans une autre langue	63,8	76,7	14,5	4,4	1,4	4,4	2,9	1,1

TABLEAU 31
Activités à la maison — écouter de la musique de langue française

Choix des réponses (en %)	Jamais		Parfois		Souvent		Toujours	
	Vign.	St-L.	Vign.	St-L.	Vign.	St-L.	Vign.	St-L.
En français	42,0	38,9	36,2	41,1	13,0	11,1	4,3	1,1
En anglais	1,4	5,6	0,0	3,3	20,3	23,3	75,4	65,6
Dans une autre langue	46,4	67,8	18,8	12,2	8,7	5,6	11,6	2,2

TABLEAU 32
Activités à la maison — regarder la télévision de langue française

Choix des réponses (en %)	Jamais		Parfois		Souvent		Toujours	
	Vign.	St-L.	Vign.	St-L.	Vign.	St-L.	Vign.	St-L.
En français	26,7	24,6	55,6	58,0	12,2	11,6	1,1	1,4
En anglais	4,4	1,4	4,4	0,0	35,6	20,3	53,3	76,8
Dans une autre langue	73,3	53,6	8,9	23,2	1,1	2,9	3,3	1,4

TABLEAU 33
Activités à la maison — utiliser des jeux vidéo de langue française

Choix des réponses (en %)	Jamais		Parfois		Souvent		Toujours	
	Vign.	St-L.	Vign.	St-L.	Vign.	St-L.	Vign.	St-L.
En français	77,8	11,6	8,9	76,8	1,1	10,1	2,2	1,4
En anglais	28,9	21,7	14,4	17,4	18,9	10,1	33,3	49,3
Dans une autre langue	84,4	81,2	1,1	0,0	0,0	0,0	2,2	0,0

TABLEAU 34
Activités à la maison — utiliser des logiciels et des CD-ROMs de langue française

Choix des réponses (en %)	Jamais		Parfois		Souvent		Toujours	
	Vign.	St-L.	Vign.	St-L.	Vign.	St-L.	Vign.	St-L.
En français	43,3	39,1	31,1	42,0	11,1	13	4,4	0,0
En anglais	14,4	13,0	18,9	10,1	36,7	37,7	22,2	37,7
Dans une autre langue	15,6	76,8	0,0	2,9	2,2	1,4	0,0	0,0

2.4 Le profil langagier à l'école
2.4.1 La langue d'usage des élèves en salle de classe

Contrairement à ce qu'on pourrait penser, la langue utilisée entre les élèves, dans la salle de classe, n'est pas toujours le français[1]. En effet, 22,2% des élèves de l'école Vigneault et 11,6% des élèves de l'école St-Laurent indiquent utiliser *toujours* le français en salle de classe lorsqu'ils et elles se parlent. L'utilisation constante du français est donc plus fréquente à l'école Vigneault, comparativement à l'école St-Laurent. Les élèves ont cependant indiqué parler *souvent* en français dans des proportions plus importantes, soit 63,3% à l'école Vigneault et 46,4% à l'école St-Laurent. Les résultats révèlent que l'anglais est utilisé dans des proportions nettement plus grandes à l'école St-Laurent. En fait, lorsqu'on regroupe les catégories *souvent* et *toujours*, on se rend compte que l'utilisation du français est plus fréquente à l'école Vigneault, alors que dans le cas de l'école St-Laurent, c'est l'anglais qui domine entre les élèves dans la salle de classe — voir le tableau 35.

TABLEAU 35

Langue d'usage entre élèves dans la salle de classe

Choix des réponses (en %)	Jamais		Parfois		Souvent		Toujours	
	Vign.	St-L.	Vign.	St-L.	Vign.	St-L.	Vign.	St-L.
En français	2,2	7,2	8,9	37,7	63,3	42	22,2	11,6
En anglais	5,6	2,9	47,8	26,1	40,0	46,4	3,3	23,2
Dans une autre langue	66,7	55,1	16,7	21,7	4,4	2,9	2,2.	2,9

En ce qui concerne la langue d'usage entre les élèves et les membres du personnel enseignant, c'est le français qui domine dans des proportions de 81,1% à l'école Vigneault et de 84,1% à l'école St-Laurent. Néanmoins, le français n'est pas la seule langue utilisée dans les rapports élèves-personnel enseignant. Les élèves indiquent en effet que l'anglais est *parfois* utilisé — 41,1% à l'école Vigneault et 36,2% à l'école St-Laurent. De tels résultats peuvent nous laisser songeurs et on peut se demander comment il se fait que les élèves révèlent utiliser l'anglais avec les enseignantes et les enseignants dans des proportions aussi grandes. Dans le contexte du sondage, ces élèves ont peut-être fait référence aux membres du personnel qui enseignent l'anglais. Quelqu'en soit la raison,

---

[1] Dans les écoles minoritaires de langue française, la langue d'usage est exclusivement le français, sauf dans les cours d'anglais. Les membres du personnel enseignant et les élèves sont donc supposés se parler en français en tout temps dans les activités scolaires, comme dans les activités parascolaires.

il reste que les réponses indiquent une tendance à l'utilisation de l'anglais dans ces deux écoles — voir le tableau 36.

TABLEAU 36

Langue d'usage entre élèves et membres du personnel enseignant dans la salle de classe

Choix des réponses (en %)	Jamais		Parfois		Souvent		Toujours	
	Vign.	St-L.	Vign.	St-L.	Vign.	St-L.	Vign.	St-L.
En français	2,2	1,4	0,0	4,3	13,3	8,7	81,1	84,1
En anglais	37,8	37,7	41,1	36,2	8,9	5,8	5,6	8,7
Dans une autre langue	76,7	73,9	10,0	7,2	1,1	0,0	1,1	0,0

2.4.2 La langue d'usage des élèves à l'extérieur de la salle de classe

Lorsque les élèves se retrouvent à l'extérieur de la salle de classe, ils et elles passent rapidement, dans la plupart des cas, du français à l'anglais. À l'école Vigneault, les élèves indiquent employer *souvent* le français dans une proportion de 51,1%, alors qu'à l'école St-Laurent, le pourcentage baisse à 15,9%. Très peu d'élèves utilisent *toujours* le français — 16,7% à l'école Vigneault et 7,2% à l'école St-Laurent. Par ailleurs, l'anglais est *souvent* utilisé dans une proportion de 56,7% à l'école Vigneault, alors qu'il est *toujours* utilisé dans une proportion de 56,5% à l'école St-Laurent. Les résultats indiquent encore une fois une utilisation plus fréquente de l'anglais à l'école St-Laurent — voir le tableau 37.

TABLEAU 37

Langue d'usage entre élèves en dehors de la salle de classe

Choix des réponses (en %)	Jamais		Parfois		Souvent		Toujours	
	Vign.	St-L.	Vign.	St-L.	Vign.	St-L.	Vign.	St-L.
En français	3,3	26,1	24,4	44,9	51,1	15,9	16,7	7,2
En anglais	3,3	1,4	24,4	10,1	56,7	30,4	12,2	56,5
Dans une autre langue	62,2	53,6	17,8	15,9	17,8	10,1	4,4	2,9

2.4.3 La langue d'usage des élèves dans les activités parascolaires

Avant de discuter comme tel de la langue d'usage dans les activités parascolaires, notons que le tableau 38 indique que ce sont les activités sportives qui attirent le plus d'élèves et ce, dans les deux écoles.

TABLEAU 38

TABLEAU 38

Participation des élèves aux activités parascolaires

Choix de réponses	École Vigneault	École St-Laurent	École Vigneault (en %)	École St-Laurent (en %)
Activités sportives	30	31	33,7	44,9
Activités culturelles	7	4	7,9	5,8
Activités sociales	6	14	6,7	20,3
Autres	2	2	2,2	2,9
Sans réponse	44	18	49,4	26,0
Total	89	69	99,9	99,9

Dans leurs conversations avec les responsables des activités parascolaires, les élèves ont révélé utiliser le français et l'anglais. À l'école Vigneault, le français est *toujours* utilisé dans une proportion de 36,7 %, comparativement à 21,7 % à l'école St-Laurent. Pour ce qui est d'utiliser *parfois* l'anglais avec les responsables, on arrive aux résultats suivants: 38,9 % à l'école Vigneault et 34,8 % à l'école St-Laurent. Il est cependant important de noter que 7,8 % des élèves de l'école Vigneault ne parlent *jamais* en français avec les responsables et que cette proportion augmente à 14,5 % dans le cas des élèves de l'école St-Laurent. Encore là, on peut s'interroger sur ces résultats, étant donné que le langue d'usage dans les écoles de langue maternelle française doit être le français — voir le tableau 39.

TABLEAU 39

Langue d'usage entre élèves et responsables des activités parascolaires

Choix des réponses (en %)	Jamais Vign.	Jamais St-L.	Parfois Vign.	Parfois St-L.	Souvent Vign.	Souvent St-L.	Toujours Vign.	Toujours St-L.
En français	7,8	14,5	10,0	18,8	32,2	42,0	36,7	21,7
En anglais	26,7	21,7	38,9	34,8	14,4	24,6	5,6	13,0
Dans une autre langue	76,7	72,5	2,2	5,8	1,1	1,4	1,1	1,4

L'utilisation du français et de l'anglais vaut aussi dans les échanges verbaux entre les élèves pendant les activités parascolaires, et ce, dans les deux écoles, mais cependant pas dans les mêmes proportions. Le tableau 40 révèle qu'à l'école Vigneault, le français et l'anglais sont *souvent* utilisés, dans des proportions de 47,8 % et de 45,6 %. À l'école St-Laurent, l'anglais est *souvent* utilisé dans une proportion de 36,2% et les élèves indiquent *toujours* se parler en anglais dans une proportion de 34,8%, alors qu'à l'école Vigneault ce même pourcentage est de 3,3% — voir le tableau 40.

TABLEAU 40
Langue d'usage entre élèves durant les activités parascolaires

Choix des réponses (en %)	Jamais Vign.	St-L.	Parfois Vign.	St-L.	Souvent Vign.	St-L.	Toujours Vign.	St-L.
En français	5,6	27,5	21,1	31,9	47,8	26,1	12,2	7,2
En anglais	6,7	5,8	30,0	18,8	45,6	36,2	3,3	34,8
Dans une autre langue	75,6	73,9	3,3	4,3	2,2	1,4	1,1	1,4

2.5 Le profil langagier des élèves dans les activités à l'extérieur de l'école
2.5.1 Les activités

Une fois de plus, ce sont les activités sportives qui attirent le plus les élèves lorsqu'ils et elles se retrouvent à l'extérieur des murs de l'école, autant à l'école Vigneault qu'à l'école St-Laurent. Les activités sociales, pour leur part, occupent la deuxième place — voir le tableau 41.

TABLEAU 41
Activités préférées des élèves à l'extérieur de l'école

Choix de réponses	École Vigneault	École St-Laurent	École Vigneault (en %)	École St-Laurent (en %)
Activités sportives	53	32	59,5	46,4
Activités culturelles	11	12	12,3	17,4
Activités sociales	20	20	22,5	29,0
Autres	0	1	0,0	1,4
Sans réponse	5	4	5,6	5,8
Total	89	69	99,9	100,0

2.5.2 Le groupe d'amis et amies

Les élèves de l'école St-Laurent ont indiqué ne pas avoir d'amis et amies uniquement francophones, alors que chez les élèves de l'école Vigneault, la proportion est de 20,2%. La majorité des élèves des deux écoles — 67,4% à l'école Vigneault et 63,8% à l'école St-Laurent — mentionnent que leur groupe d'amis et amies se compose d'anglophones et de francophones. En ce qui concerne les amis et amies appartenant à divers groupes ethnoculturels, 17,4% des élèves de l'école St-Laurent ont indiqué en compter parmi les leurs, alors que cette proportion baisse à 4,5% à l'école Vigneault — voir le tableau 42.

TABLEAU 42

Composition linguistique du groupe d'amis et amies des élèves

Choix de réponses	École Vigneault	École St-Laurent	École Vigneault (en %)	École St-Laurent (en %)
Francophone	18	0	20,2	0,0
Anglophone	5	11	5,6	15,9
Francophone et anglophone	60	44	67,4	63,8
Autre	4	12	4,5	17,4
Sans réponse	2	2	2,2	2,9
Total	89	69	99,9	100,0

2.5.3 La langue d'usage avec les amis et amies

En ce qui concerne la langue utilisée avec le groupe d'amis et amies, on constate la situation suivante: peu d'élèves se servent exclusivement du français dans leurs rapports avec les amis et amies — les proportions sont de 10,1% à l'école Vigneault et de 1,4% à l'école St-Laurent. Dans le cas de l'école Vigneault, les élèves utilisent les deux langues dans une proportion de 59,5%, comparativement à 29% pour les élèves de l'école St-Laurent. C'est à cette dernière école que l'anglais est le plus utilisé, et ce, dans une proportion de 68,1%, comparativement à 27% pour les élèves de l'école Vigneault — voir le tableau 43.

TABLEAU 43

Langue d'usage des élèves dans les activités en dehors de l'école

Choix de réponses	École Vigneault	École St-Laurent	École Vigneault (en %)	École St-Laurent (en %)
Français	9	1	10,1	1,4
Anglais	24	47	27,0	68,1
Français et anglais	53	20	59,5	29,0
Une autre langue	0	0	0,0	0,0
Sans réponse	3	1	3,4	1,4
Total	89	69	100,0	99, 9

2.6 Profil langagier des élèves qui détiennent un emploi ou qui font du bénévolat

Un dernier secteur d'activités qui est apparu important est celui de l'emploi et du bénévolat. En effet, il s'avère de plus en plus fréquent que les adolescents et les adolescentes travaillent pendant leurs études secondaires. Ces emplois sont généralement à temps partiel. Les élèves sont aussi appelés à faire du bénévolat. Dans certains cas, ce bénévolat est encouragé par l'école et dans d'autres, il résulte d'une initiative de la part des élèves. Dans le cas d'un emploi ou d'une activité bénévole, les élèves vont établir des rapports avec les individus participant à ces deux types d'activités. Nous nous sommes penchés spécifiquement sur la question des langues utilisées par les élèves en milieu de travail ou en milieu bénévole. Nous avons voulu comprendre davantage le contexte linguistique dans lequel les activités de cette sphère se situent.

Mentionnons d'abord que le taux de réponses s'est avéré assez bas, et ce, dans les deux écoles. En effet, moins de la moitié des élèves ont fourni des réponses aux questions touchant le travail et le bénévolat. Le tableau 44 indique le taux d'élèves qui travaillent — à temps partiel et à temps plein. Les élèves de l'école Vigneault détiennent un emploi dans une proportion plus grande que ceux et celles de l'école St-Laurent, soit 44,9% et 37,7%. Sauf dans un cas, les élèves ont indiqué travailler à temps partiel, dans le secteur du secrétariat et des ventes — 30,3% à l'école Vigneault et 26% à l'école St-Laurent — voir le tableau 45. Le bénévolat attire moins d'élèves que le travail à temps partiel. Les élèves des deux écoles affichent un taux de participation assez faible dans ce domaine, soit 19,1% dans le cas de l'école Vigneault et 23,1% pour l'école St-Laurent — voir le tableau 46.

TABLEAU 44
Élèves qui détiennent un emploi

Choix de réponses	École Vigneault	École St-Laurent	École Vigneault (en %)	École St-Laurent (en %)
À temps partiel	40	26	44,9	37,7
À temps plein	1	0	1,1	0,0
Sans réponse	48	43	53,9	62,3
Total	89	69	99,9	100,0

TABLEAU 45
Types d'emploi détenus par les élèves

Choix de réponses	École Vigneault	École St-Laurent	École Vigneault (en %)	École St-Laurent (en %)
Aucun	50	43	56,1	62,3
Sans rémunération	1	0	1,1	0,0
Propriétaire-gestionnaire	2	1	2,2	1,4
Professionnel	1	0	1,1	0,0
Secrétariat-ventes	27	18	30,3	26,0
Col bleu	5	1	5,6	1,4
Autre	3	5	3,4	7,2
Sans réponse	0	1	0,0	1,4
Total	89	69	99,7	99,7

TABLEAU 46
Élèves qui font du bénévolat

Choix de réponses	École Vigneault	École St-Laurent	École Vigneault (en %)	École St-Laurent (en %)
Oui	17	16	19,1	23,1
Non	25	17	28,1	24,6
Sans réponse	47	36	52,8	52,2
Total	89	69	100,0	99,9

En ce qui a trait à la langue ou aux langues utilisées dans ces deux secteurs d'activités, les élèves de l'école Vigneault utilisent le français dans une proportion plus grande que ceux et celles de l'école St-Laurent, soit 22,5% comparativement à 10,1%. Les élèves qui utilisent l'anglais sont plus nombreux à l'école St-Laurent. Les pourcentages sont en effet les suivants: 31,9% pour les élèves de l'école St-Laurent, comparativement à 11,2% pour les élèves de l'école Vigneault. Le fait que l'école Vigneault soit située dans une région de la province où se retrouve une plus grande concentration de francophones peut sûrement expliquer une utilisation plus grande du français dans le milieu de travail et dans les activités bénévoles — voir le tableau 47.

TABLEAU 47
Langue utilisée au travail ou dans le bénévolat

Choix de réponses	École Vigneault	École St-Laurent	École Vigneault (en %)	École St-Laurent (en %)
Français	20	7	22,5	10,1
Anglais	10	22	11,2	31,9
Autre	10	4	11,2	5,8
Sans réponse	49	36	55,0	52,2
Total	89	69	99,9	100,0

3 Conclusion

Les résultats obtenus ont permis de dresser le profil linguistique de deux groupes d'élèves qui vivent dans deux régions différentes. Il n'en demeure pas moins que, d'après les réponses obtenues à la question portant sur l'appartenance de groupe, la majorité des élèves disent se considérer bilingue, peu importe le lieu de résidence en Ontario. Il est cependant important de souligner que dans ce cas, la langue dominante n'est pas la même. À l'école Vigneault, la majorité des élèves qui se disent bilingues indiquent le français comme étant leur langue dominante — moins de 15% des élèves indiquent l'anglais comme langue dominante —, alors que dans le cas des élèves de l'école St-Laurent, plus du tiers qui se dit bilingue indique que l'anglais est la langue la plus utilisée. Dans le contexte de la présente étude, de tels résultats amènent à se questionner sur la notion d'identité bilingue.

Le défi, en effet, est d'arriver à comprendre comment les élèves interprètent la notion d'identité et comment celle-ci se construit au jour le jour. Par exemple, lorsque les jeunes en parlent, font-ils et font-elles uniquement référence à une identité linguistique ou incluent-ils et incluent-elles aussi la dimension de la culture dans leur interprétation de ce concept? Comment la notion d'identité s'articule-t-elle dans la vie quotidienne de ces adolescents et de ces adolescentes? Ce sont les questions auxquelles l'étude ethnographique, dont il sera question dans les chapitres suivants, a tenté de répondre.

D'après les résultats du sondage, la majorité des élèves semblent vivre dans un environnement bilingue où l'anglais est omniprésent. Dans plusieurs cas, surtout à l'école St-Laurent, l'institution scolaire devient pour plusieurs le seul endroit où les élèves «vivent» en français. Mais même à l'école, certains élèves choisissent d'utiliser l'anglais plutôt que le français lorsqu'ils et elles participent aux diverses activités.

Le présent sondage a fourni des informations utiles sur la réalité des élèves des deux écoles sélectionnées. Il a permis de brosser un portrait des habitudes linguistiques de deux groupes d'adolescents et d'adolescentes qui vivent dans deux régions francophones minoritaires différentes de l'Ontario. Les résultats obtenus suggèrent que le milieu minoritaire n'est pas homogène. Les élèves possèdent en effet des conditions de vie qui sont influencées par leur histoire respective, ainsi que par les structures sociales de leur milieu respectif. Ce contexte particulier ne peut qu'influencer leurs choix linguistiques, à court et à long termes. Suite à l'examen des résultats de ce sondage, je retiens les faits suivants.

Premièrement, même si l'école Vigneault est située dans un milieu où on peut penser qu'il est plus facile de vivre en français à cause d'une plus grande concentration de francophones dans cette région, il n'en demeure pas moins que les résultats que nous venons d'examiner indiquent l'omniprésence de l'anglais dans la vie de ces élèves, réalité qui n'est pas toujours reconnue à son juste titre dans certains milieux éducatifs.

Deuxièmement, on remarque la présence d'élèves d'origines ethniques diverses dans les deux écoles. Cette présence est cependant plus marquée à l'école St-Laurent. Ce constat ne devrait pas surprendre outre mesure puisque la région du Centre de l'Ontario attire un grand nombre d'immigrants et d'immigrantes. Il est intéressant de remarquer cependant que ces jeunes semblent aussi favoriser l'usage de l'anglais dans les diverses activités recensées, tout comme les élèves nés au Canada.

Troisièmement, la langue de communication entre les élèves et les membres du personnel enseignant, bien que demeurant le français dans l'ensemble, varie d'une école à l'autre. En effet, il semble que dans certaines situations, les élèves et les membres du personnel enseignant se parlent en anglais. Les élèves de l'école St-Laurent semblent faire usage de l'anglais avec le personnel enseignant et les responsables des activités parascolaires dans une proportion plus grande que ne le font les élèves de l'école Vigneault. Il faut néanmoins noter que cela ne signifie pas pour autant que le personnel des écoles utilise lui-même l'anglais dans ses échanges avec les élèves. Il se peut que ce soit les élèves qui s'adressent à eux en anglais, même si le personnel enseignant leur parle en français.

Même si les données recueillies présentent un intérêt certain, il faut toutefois faire preuve de prudence en ce qui concerne les conclusions à tirer. Le sondage a servi d'outil d'exploration en fournissant des données factuelles importantes pour l'élaboration du volet ethnographique de l'étude. Dans ce sens, ce sondage s'est avéré un moyen, plutôt qu'une fin en soi. Il a constitué le point de départ d'un examen plus approfondi du processus de construction et de représentation identitaires chez un groupe particulier de jeunes.

Dans les pages qui suivent, nous verrons que l'étude ethnographique fait ressortir des nuances importantes que les résultats du sondage n'ont pas réussi à déceler. Ces nuances portent sur les préférences linguistiques et culturelles des participantes et des participants, sur les circonstances dans lesquelles les pratiques langagières prennent place et sur le rapport des jeunes à la langue et à l'identité. Afin d'arriver à comprendre en profondeur la réalité de ces adolescentes et de ces adolescents, de même que leur positionnement face à la question identitaire, il a fallu examiner de près leurs expériences quotidiennes. C'est ce dont il sera question dans les deux chapitres suivants, où je ferai la présentation, par région, des portraits identitaires de ces jeunes, en commençant par les adolescentes et les adolescents de l'école Vigneault.

Chapitre 4
Les jeunes de la région d'Ottawa

Cinq jeunes de la région d'Ottawa ont participé à l'étude ethnographique. Il s'agit de Leslie, de Pierre, de Gabrielle, de Mélodie et de Mathieu. Au début de l'étude, ces élèves étaient tous inscrits à l'école Vigneault, qui appartient à un système scolaire non confessionnel. Comme je l'ai mentionné auparavant, pendant la deuxième année du projet, Mélodie s'est inscrite en musique à l'école Demers, dans le même conseil scolaire, où nous l'avons suivie. Bien que les écoles soient situées dans une région de la province où l'on retrouve une concentration importante de francophones, nous verrons à travers les portraits identitaires des cinq jeunes, que les élèves de ces deux écoles subissent néanmoins l'influence du milieu anglophone. Les pages qui suivent seront consacrées à la présentation de ces portraits.

Leslie

En 1997, Leslie est âgée de seize ans. Elle est en 11ᵉ année et fréquente l'école Vigneault. Elle est originaire de la région d'Ottawa et elle vit en milieu rural avec sa mère et sa jeune sœur. Son père est décédé d'un cancer lorsqu'elle était en 7ᵉ année.

La famille de Leslie

Ses parents sont aussi originaires de la région d'Ottawa. La langue maternelle de sa mère Denise est le français et celle de son père Yvon était l'anglais. Née de parents francophones, la mère de Leslie a fait toutes ses études en français dans la région. Elle s'est mariée tout de suite après avoir obtenu son diplôme d'études secondaires. Elle décrochait, au même moment, un emploi comme réceptionniste-dactylographe dans un conseil scolaire de l'Est de l'Ontario. Elle a d'abord travaillé en anglais. Étant donné ses compétences en français, elle s'est vue par la suite transférée dans un autre secteur du conseil scolaire où elle devait travailler en français. Denise a quitté son emploi lorsque ses enfants sont nées. Depuis quelques années, la mère de Leslie garde de jeunes enfants à la maison pendant la semaine.

Denise se considère francophone et elle en est fière. Elle explique son sentiment de la façon suivante:

> …c'est un privilège d'être française ici, parce que c'est beaucoup plus difficile à apprendre… Puis, il me semble que quand tu dis que tu as deux langues, tu es fière d'être française, puis tu sais que ta première langue c'est le français, puis après ça, c'est l'anglais…
> (Ent. par. 1-1, DGL, 1A, p. 3)

Lorsqu'elle s'est mariée, Denise a cependant dû utiliser davantage l'anglais, car son mari maîtrisait mal le français. Yvon, en effet, possédait une certaine connaissance du français oral mais il ne pouvait ni le lire ni l'écrire. Issu lui-même d'un mariage exogame — la mère d'Yvon étant anglophone et son père francophone — celui-ci a vécu son enfance et son adolescence dans un contexte où l'anglais a dominé, tant à la maison qu'à l'école, car il a fait ses études en anglais. Néanmoins, même si on utilisait davantage l'anglais que le français dans la famille de Leslie, Denise précise que son mari n'a jamais remis en question le fait que ses deux filles fréquentent l'école de langue française. Elle ajoute qu'elle et son mari ont fait de grands efforts pour s'assurer que Leslie s'exprime en français avec eux. Depuis que la mère de Leslie est veuve, cette dernière parle en français avec ses enfants, même si elle trouve que son français et celui de ses deux filles n'est pas aussi bon qu'il le devrait. Elle en parle en ces termes:

> …j'ai un ami que son père il est français de France, puis c'est toute beauté de l'entendre parler… nous autres, on le parle comme qu'on marche… on marche croche et on le parle pas très bien, comme qui devrait être parlé. C'est une beauté, c'est comme voir un couple qui prend des cours de danse danser, puis ça flotte sur le plancher. Je trouve que si tu écoutes parler le français parfait là, je trouve que c'est comme ça.
> (Ent. par. 1-1, DGL, 1A, p. 4)

La sœur de Leslie, Johanne, était âgée de douze ans lorsque nous l'avons rencontrée. Elle était en 7e année et fréquentait une école de langue française de la région. Johanne se considère bilingue, c'est-à-dire capable de parler les deux langues, qu'elle utilise d'ailleurs autant l'une que l'autre. Selon la jeune fille, lorsqu'elle et Leslie sont à la maison, elles se parlent en français. À l'école, par ailleurs, elle parle en français avec ses amies et amis, de même qu'avec le personnel de l'école. À l'extérieur de l'école, elle utilise surtout l'anglais. Il en est de même pour ses activités: elles se passent en grande partie en anglais. La musique qu'elle écoute et les émissions de télévision qu'elle regarde sont pour la plupart en anglais. Elle dit ne pas savoir vraiment pourquoi le français est important. Néanmoins, elle a l'intention de poursuivre ses études secondaires en français.

D'après Denise, Leslie possède une meilleure maîtrise du français que sa sœur Johanne. La mère de Leslie est confiante que ses enfants vont continuer à vivre en français, même si elle reconnaît l'omniprésence de l'anglais dans leur quotidien. Pour les membres de cette famille, c'est exclusivement dans leur cercle immédiat que le français s'avère la langue d'usage. Dès que quelqu'un de la parenté qui ne parle pas français se joint à elles, l'anglais devient alors la langue d'usage. C'est le cas avec la grand-mère paternelle de Leslie, par exemple. Cette dernière est très près de ses petits-enfants. Après le décès de son fils, elle a vécu avec Denise et ses filles. La langue d'usage à la maison était donc davantage l'anglais à cette époque. Par ailleurs, dans la parenté de Denise, ses filles parlent en français avec leurs cousins et cousines. Denise fait cependant remarquer que Leslie et Johanne font un usage fréquent de l'anglais lorsqu'elles sont entre elles. Pendant la journée, la langue parlée est parfois aussi l'anglais, puisque Denise garde à la maison des enfants qui sont, pour la majorité, des anglophones. Même si Denise indique dans son entrevue qu'elle regarde la télévision en français, il n'en est pas de même de ses filles. Elles ont plutôt tendance à écouter la radio et à regarder la télévision en anglais.

Denise nous a fait part de ses inquiétudes en ce qui concerne la vitalité du français dans la région d'Ottawa. Selon elle, il s'avère de plus en plus difficile de reconnaître la présence francophone lorsqu'elle se rend en ville. En parlant de l'affichage, Denise fait la remarque suivante:

> Moi, je trouve qu'on commence à être effacé un peu… c'est ben beau reconnaître les anglophones, ben quelqu'un qui est français d'Ottawa, qui comprend pas l'anglais, pis qu'il regarde l'affiche qu'il comprend pas… t'sais, il me semble qu'il devrait y avoir les deux. (Ent. par. 1-1, DGL, 1A, p. 13)

Malgré les signes d'insécurité linguistique dont fait preuve Denise lorsqu'elle avoue posséder un français qui laisse à désirer et qu'elle se sent gênée de le parler parfois, il n'en demeure pas moins qu'elle insiste sur l'importance de conserver sa langue et sa culture françaises et qu'elle s'inquiète du fait que son milieu de vie devient, à ses yeux, de plus en plus anglicisé.

La vie scolaire de Leslie

Leslie prend tous ses cours au niveau avancé, ce qui lui donnera la possibilité de poursuivre des études postsecondaires au niveau universitaire si elle le désire. Elle obtient de bons résultats scolaires. Son travail est appliqué et elle fait preuve d'un bon rendement, selon les enseignantes et les enseignants qui ont compté la jeune fille parmi leurs élèves. Certains d'entre eux soulignent que Leslie possède une intelligence supérieure à la moyenne.

Pour sa part, Leslie aime aller à l'école et elle est satisfaite de l'enseignement qu'elle reçoit à l'école Vigneault. Elle ne regrette pas d'avoir choisi cette école. Sur le plan des activités parascolaires, Leslie ne participe pas beaucoup, cela étant dû en grande partie au fait qu'elle habite loin de l'école et qu'elle doit voyager par autobus scolaire, ce qui lui enlève la possibilité de rester après les heures de classe. Sa mère, retenue à la maison à cause de son travail, ne peut pas aller chercher Leslie à l'école lorsque se terminent les activités parascolaires, qui se tiennent, pour la plupart d'entre elles, à la fin de la journée scolaire. Cependant, lorsque les activités se tiennent pendant la journée, comme à l'heure du midi par exemple, Leslie peut y participer. Elle s'est occupée, par exemple, d'organiser les séances d'improvisation pendant l'année scolaire 1998-1999 et elle a fait du théâtre. Enfin, elle participe aux danses de l'école. Lorsque celles-ci ont lieu, elle s'organise avec ses amies pour qu'un parent les conduise à l'école et qu'un autre les reprenne à la fin de la soirée.

En ce qui a trait à ses pratiques langagières à l'école, Leslie utilise le français et l'anglais avec les autres élèves aussi bien dans la salle de classe, qu'ailleurs dans l'école. Avec les enseignants et les enseignantes, elle parle généralement en français. Parmi le personnel enseignant, les avis sont partagés en ce qui concerne le positionnement identitaire de Leslie. Certains d'entre eux pensent qu'elle est anglicisée, alors que d'autres sont de l'opinion qu'elle a le français à cœur. Comme l'indique le témoignage suivant:

> Leslie, je sais qu'elle vient d'un milieu qui est quand même francophone, puis elle vit en français. Puis en jasant avec elle,

elle disait que sa mère gardait des enfants, puis les enfants s'exprimaient en anglais beaucoup, puis ça l'agaçait. Alors je sens que pour elle, vivre en français, c'est important…
(Ent. ens. 2-1, MB, 1A, p. 8)

Lors des activités parascolaires auxquelles elle participe, elle parle généralement en français aux responsables, même si elle avoue aussi leur parler parfois en anglais. Avec les élèves qui participent à ces activités, elle se sert du français et de l'anglais. Les observations que nous avons faites de Leslie indiquent que l'usage d'une langue ou l'autre dépend de la situation dans laquelle elle se trouve. Nous verrons, par exemple, qu'avec son amie Violette, Leslie utilise plutôt l'anglais lorsqu'elles sont à l'école.

Les amies et amis de Leslie

De son groupe d'amies et amis, Leslie mentionne en particulier une cousine de son âge, de même que Violette, qui fréquente l'école Vigneault et qui se trouve dans la plupart de ses cours. D'autres amis et amies, qui fréquentaient l'école Vigneault, étudient maintenant au niveau collégial. Dans ce groupe, on compte des garçons et des filles. Lorsqu'elle se trouve avec ce groupe, Leslie dit utiliser le français et l'anglais, dépendant de la situation et de la personne ou des personnes avec qui elle s'entretient. Avec certains amis, c'est toujours en français, alors qu'avec d'autres, les échanges se passent en anglais. Louise, sa cousine, compte aussi au nombre de ses amies et amis. Comme cette dernière possède son permis de conduire, elle peut aller chercher Leslie et elles vont faire certaines activités ensemble, comme aller magasiner, manger au restaurant ou aller prendre un café, donnant ainsi à Leslie une certaine indépendance puisqu'elle peut se déplacer plus librement.

Son amie Violette, de son côté, demeure dans une autre localité assez éloignée de celle où habite Leslie. Violette vit dans une famille exogame. Son père est francophone et sa belle-mère — la mère de Violette est décédée lorsque cette dernière était toute petite — est anglophone. Dans sa famille, les échanges se font surtout en anglais. À cause du contexte dans lequel Violette a grandi, cette dernière a plutôt tendance à parler en anglais. Les deux jeunes filles se sont connues en 10e année, lorsque Violette est arrivée à l'école Vigneault. Elles sont vite devenues amies. C'est par l'intermédiaire d'une amie commune que les deux jeunes filles se sont rencontrées. Elles passent beaucoup de temps ensemble à l'école, comme à l'extérieur de l'école. Lors de l'entrevue avec Violette, cette dernière a insisté sur l'importance pour elle de pouvoir étudier en français, même si elle utilise souvent l'anglais. Comme elle le mentionne,

Pour moi, c'est important parce que c'est ma langue maternelle
[sa mère était francophone]... en ce moment il y a trop
d'influence de la langue anglaise. Tout le monde est en train de
perdre son français, puis, comme, OK, je parle pas le français le
plus beau du monde, mais je veux garder au moins ma langue
maternelle. C'est ma langue et j'ai le droit d'avoir mon
éducation dans cette langue-là...
(Ent. am. 2-1, DGL, 1A, p. 3)

Pourtant, selon Leslie, Violette se sent plus à l'aise de parler en anglais et
c'est généralement leur langue d'échange. Comme Leslie l'a mentionné
elle-même lors d'une de ses entrevues,

[On utilise] surtout l'anglais, parce que sa mère est anglaise...
mais on va parler français, si mettons on est assis entre ma mère,
ma sœur, on va parler français, puis si on est dans ma chambre, en
train juste de parler, d'écouter de la musique, on va parler anglais.
(Ent. 3, él. 1, DGL, 1A, p. 7)

D'après les deux jeunes filles, les activités qu'elles font ensemble à l'extérieur de l'école consistent en grande partie à se parler au téléphone ou à
se rendre visite pendant les fins de semaine. Lors de ces visites, Leslie et
Violette vont prendre de grandes marches et parlent de tout et de rien.

En ce qui concerne leurs études postsecondaires, Leslie et Violette
désirent les poursuivre en français. Violette est intéressée par le théâtre.
Elle veut étudier dans une université bilingue de la région, alors que
Leslie veut devenir une éducatrice spécialisée et faire des études collégiales en français, également dans la région d'Ottawa. Violette mentionne
cependant que si elle décide de ne pas étudier en théâtre, elle fera elle
aussi son cours en éducation spécialisée, tout comme son amie Leslie.

Les activités de Leslie

Comme il a été mentionné précédemment, les activités de Leslie sont
limitées, en grande partie parce qu'elle habite dans une région rurale où
les moyens de transport se font rares. N'ayant pas encore son permis de
conduire, elle dépend donc de la disponibilité de sa mère pour la conduire lorsqu'elle veut participer à une activité quelconque. Leslie ne
possède donc pas la liberté de se déplacer à sa guise, situation avec
laquelle elle compose difficilement, comme le montre l'extrait d'entrevue qui suit:

Int.: Donc, la vie dans ta localité, c'est comment?
Leslie: C'est plate

Int.: Qu'est-ce que tu veux dire par là?

Leslie: Ben, il y a pas grand chose qui se passe. Je suis toujours à la maison, sinon chez mes amis, mais j'ai besoin des *rides* de ma mère, et puis, je ne fais pas grand-chose. Je parle au téléphone.

Int.: Donc, c'est plus à la campagne, c'est ça?

Leslie: Oui.

(Ent. 1, él. 1, MB, 1A, p. 2)

Il arrive cependant, que Leslie participe à des sorties avec ses amis et amies. Dans ce cas, ce sont les parents des jeunes qui s'occupent de leur transport, par exemple, pour se rendre aux danses de l'école, comme je l'ai mentionné auparavant. En ce qui concerne les activités de Leslie, elles se poursuivent pour la plupart à l'extérieur de l'école, étant donné qu'elle ne peut pas y demeurer après les heures de classe. Lorsqu'elle se trouve chez elle, l'un de ses passe-temps favoris est de parler au téléphone avec son amie Violette. Elles peuvent se parler au téléphone plusieurs fois par jour, et parfois pendant des heures. Comme elles vivent assez éloignées l'une de l'autre et que leurs moyens de transport sont limités, le téléphone s'avère un outil des plus utiles dans ce contexte. En parlant de ses activités, Leslie mentionne ce qui suit:

> Vraiment, je sors presque pas. J'écoute toujours la télévision, quand je l'écoute, c'est Musique Plus qui est un canal français et puis, Much Music, qui est anglais. Les deux jouent de la musique. Musique Plus c'est de la musique française, puis l'autre, c'est anglais, puis je vais entre les deux. Ça ne me dérange pas. (Ent. 4, él. 1, AM, 1A, p. 7)

Même si Leslie se dit limitée dans le type d'activités qu'elle peut faire, il n'en demeure pas moins que la jeune fille possède quand même une vie assez bien remplie, qu'elle partage entre sa famille, son groupe d'amis et amies et son travail à temps partiel. En effet, elle est réceptionniste dans une clinique médicale. Elle a décroché cet emploi par l'intermédiaire de sa cousine qui, elle-même, possède un emploi similaire. Les patients et patientes qui fréquentent cette clinique sont, selon Leslie, francophones dans une proportion de 75%. La jeune fille se trouve ainsi dans un contexte social où elle se sert souvent du français. Elle travaille entre neuf et quinze heures par semaine — en soirée pendant la semaine et le samedi pendant la journée. Depuis qu'elle travaille à temps partiel, Leslie avoue ne pas avoir beaucoup de temps pour regarder la télévision, comme elle le faisait auparavant.

Le point de vue de Leslie sur la langue et la culture françaises
et son rapport à l'identité

Lors du sondage de 1997, Leslie s'était définie comme étant trilingue, capable de parler le français, l'anglais et le langage des signes des sourds et muets. L'apprentissage du langage des signes s'est fait à cause de la présence à l'école d'élèves malentendants, dont certains suivaient les mêmes cours que la jeune fille. Leslie a alors décidé qu'elle devrait apprendre à communiquer avec eux. Elle avoue cependant qu'elle n'en connaît que les rudiments et qu'elle ne l'utilise plus souvent, étant donné que les élèves malentendants ne fréquentent plus l'école Vigneault.

La perception de Leslie en ce qui a trait à l'importance à accorder au français et à l'anglais semble avoir changé au cours des trois années pendant lesquelles nous avons suivi la jeune fille. Lors de sa première entrevue, Leslie avait expliqué que pour elle, les deux langues avaient la même importance. Lors de la dernière rencontre avec Leslie, celle-ci a fait remarquer qu'elle se percevait toujours comme étant bilingue, mais que le français était devenu sa langue dominante. Elle a même ajouté que sa participation au projet de recherche lui a fait prendre davantage conscience de l'importance qui doit être accordée à la langue et à la culture françaises. Interrogée sur ce que représentent pour elle la langue et la culture françaises à présent, elle répond :

> ben, c'est quelque chose d'important, parce que maintenant, il y en a moins, comme le français il y en a beaucoup moins. Ça s'en vient tout assimilé à l'anglais et puis, c'est important pour moi parce que c'est ma langue maternelle, puis j'aimerais ça la garder. Oui, je parle beaucoup l'anglais, parce que mon père, il est anglais, mais ma mère est française, puis j'aimerais ça la garder, puis l'enseigner à mes petits enfants.
>
> [la culture française], ben c'est pas mal la même chose. Comme c'est important. Comme, j'aimerais ça que mes enfants savent qu'est-ce que c'est... comme, d'où ça vient, comme, t'sais, c'est pas juste sorti de nous... (Ent. 4, él. 1, AM, 1A, p. 1)

Malgré ces propos, le discours de Leslie reflète la dualité linguistique et culturelle dans laquelle elle a évolué depuis sa naissance. Ayant grandi dans un foyer où les deux langues ont toujours été présentes, du moins jusqu'au décès de son père, la jeune fille a été élevée dans un milieu plutôt bilingue, même si une certaine valeur était aussi accordée à la langue française. Par exemple, le choix d'aller à l'école de langue française s'est fait naturellement. Denise n'a pas eu besoin de négocier ce choix avec son mari. Celui-ci ne s'est aucunement opposé à cette décision, car il allait sans dire que les enfants fréquenteraient l'école de langue française.

Lorsque Leslie a commencé à aller à l'école, elle a dû s'adapter par ailleurs à l'exigence des enseignantes et des enseignants de toujours parler en français, sous peine de sanction. Comme elle l'a expliqué dans l'une de ses premières entrevues, lorsqu'on lui a demandé la langue dans laquelle elle s'adressait aux autres jeunes à l'école:

> En français, parce que ben, il y a un professeur qui a fait une plainte, parce que je parlais trop l'anglais, parce que ma grand-mère est anglaise et mon père, il était bilingue, mais il parlait seulement anglais à la maison, puis c'était une habitude pour moi, je parlais l'anglais à l'école... il fallait que mon père vienne à l'école expliquer. Ils [personnel de l'école] voulaient me changer d'école. Mes parents ont commencé à parler en français à la maison, pour que je reste à cette école-là.
> (Ent. 2, él. 1, DGL, 1A, p. 3)

Leslie a donc compris très tôt l'importance de respecter les règles en matière de langue d'usage à l'école. Il est à remarquer cependant que la jeune fille est demeurée, tout au long de sa vie, à la frontière des deux langues, que ce soit dans son milieu familial, avec ses amis et amies ou dans son milieu de travail. En ce qui concerne l'utilisation d'une langue ou de l'autre, c'est souvent le contexte qui en détermine le choix. Par exemple, Leslie a mentionné à plusieurs reprises que lorsqu'elle se trouve, seule ou avec ses amis et amies, dans un endroit public, comme un magasin ou un restaurant, la tendance est de passer à l'anglais, parce que selon elle, il est pratiquement impossible de se faire servir en français dans les endroits publics à Ottawa.

Conclusion

La langue et la culture françaises représentent une préoccupation réelle dans le discours tenu par Leslie, même si cette dernière admet la présence constante de la langue et de la culture anglaises dans ses activités quoti-diennes. Ce discours peut être perçu par certains et certaines comme étant contradictoire, puisqu'il révèle la dualité linguistique et culturelle dans laquelle évolue Leslie, un monde qui demande de passer continuellement d'une frontière linguistique à l'autre. Il montre la présence de tensions dans le positionnement de l'adolescente face à la langue et à la culture françaises dans ses activités quotidiennes. Tensions qui, soit dit en passant, existent d'ailleurs pour tout individu qui vit en milieu minoritaire.

Dans le cas de Leslie, celle-ci utilise le français dans ses activités scolaires et avec les membres de sa famille immédiate, mais elle vit sa culture de jeune plutôt en anglais. Elle alterne entre le français et l'anglais sans aucune difficulté et se trouve ainsi continuellement à la frontière des deux langues. La situation de mariage exogame de ses parents a contribué à ce positionnement par le fait qu'elle a dicté l'utilisation de l'anglais comme langue d'usage à la maison, particulièrement lorsque Leslie était très jeune, même si des efforts ont été faits pour converser davantage en français par la suite. Avec le décès du père, la mère a tenté de changer les pratiques langagières au sein de la famille afin de favoriser un usage accru du français, qui est alors devenu, selon les membres de la famille, la seule langue utilisée à la maison.

Il a été noté par ailleurs que le discours de Leslie sur l'importance de la langue et de la culture françaises a évolué au cours des dernières années. La jeune fille reconnaît en effet, d'une part, la fragilité d'une langue et d'une culture minoritaires et, d'autre part, l'importance de leur accorder la place que celles-ci méritent dans les activités et les échanges quotidiens.

PIERRE[1]

Pierre a quinze ans et est en 10e année à l'école Vigneault en 1997. Il habite dans la région d'Ottawa depuis sa naissance et il a toujours fréquenté l'école de langue française. Il vit avec sa mère, son père et sa sœur cadette. Pierre a grandi au sein d'une famille exogame, avec une mère anglophone et un père francophone, tous deux bilingues.

La famille de Pierre

Le père de Pierre, Claude, est né et a grandi dans la région d'Ottawa, dans un milieu francophone et il a fait toutes ses études en français, du palier élémentaire jusqu'au niveau collégial. De plus, il a été cadet de l'air dans l'armée canadienne. Photographe de profession, il dirige sa propre entreprise, avec quelques employés à temps plein et d'autres qui travaillent à temps partiel, selon la demande du marché. Il travaille en français, tout comme en anglais. Claude se considère bilingue et il se définit de la façon suivante:

---

[1] Des circonstances imprévisibles ont empêché d'obtenir autant de données sur Pierre que dans le cas des autres élèves. Les entrevues suivantes n'ont pu être réalisées avec Pierre: celle portant sur les associations et celle avec ses amies et amis. De plus, le jeune homme n'a pas assisté à la fin de semaine de rencontre qui a eu lieu à Toronto en octobre 1999. Pour ces raisons, le présent portrait ne sera pas aussi complet que celui des autres jeunes.

J'ai été élevé dans un milieu francophone, j'ai pas honte de dire que je parle français, ou que je suis francophone, mais je ne mets pas d'importance sur la langue. Pour moi, c'est... un problème de juger une personne ou de calculer une personne d'après sa langue. Donc, je m'éloigne de ça facilement. Si tu veux parler français, on parle français. Tu peux parler anglais, je ne te juge pas d'après ta langue. J'engage des francophones, j'engage des anglophones. Je travaille avec les deux.
(Ent. par. 2-3, DGL, 1A, p. 8)

Le père de Pierre indique qu'il est fier de pouvoir parler en français et qu'il encourage ses enfants à préserver cette langue, mais qu'en même temps il ne juge pas les gens d'après la langue qu'ils parlent.

Dans la famille de Claude, chez les grands-parents de Pierre en particulier, les échanges se font surtout en français, mais il arrive parfois qu'on utilise l'anglais comme langue d'usage. Ses parents sont en effet bilingues et n'ont pas de problème à utiliser quelquefois l'anglais lors des réunions de famille. Clara, la mère de Pierre, explique que lorsqu'elle se trouve seule avec ses beaux-parents, ils utilisent l'anglais, car c'est la langue qu'elle a utilisée avec eux lorsqu'elle les a rencontrés la première fois. Lorsque tout le monde est réuni, cependant, c'est plutôt le français qui devient la langue commune. Claude mentionne également que ses parents utilisent parfois l'anglais avec leurs petits-enfants, ce qu'il désapprouve. Il s'exprime en ces termes:

Je sais que mes parents, par secousse, ont voulu parler anglais aux enfants... parce que les enfants, par secousse, parlent beaucoup l'anglais et puis, pour eux, c'est pas plus difficile l'un ou l'autre puis ils sont très accommodants, donc ils vont parler en anglais.
(Ent. par. 2-3, DGL, 1A, p. 10)

Clara, la mère de Pierre, est une anglophone du Québec. Elle a grandi à Montréal. Elle a fait ses études en anglais. À cause d'un intérêt marqué pour les langues, la mère de Pierre a suivi plusieurs cours de français, d'espagnol et d'allemand. Elle habite à Ottawa depuis le début de la vingtaine, moment où elle s'est mariée avec Claude. Aussi membre des cadets de l'air, c'est là qu'elle a connu Claude. Les membres des deux escadrilles se rencontraient de façon régulière, soit au Québec, soit en Ontario. Clara croyait, lorsqu'elle a rencontré Claude, que ce dernier était anglophone, étant donné qu'il appartenait à une escadrille anglophone. Elle explique que cela a pris quelques rencontres avant de constater que Claude était francophone:

> …un jour, il a commencé à me parler de ses frères Louis et François, puis j'ai dit, comment ça se fait qu'ils ont des noms français? [rires] C'est à ce moment-là que j'ai su qu'il était francophone. (Ent. par. 2-3, DGL, 1A, p. 15)

Clara travaille à temps plein dans le domaine de l'administration, pour le gouvernement fédéral. Elle se définit comme étant une anglophone bilingue. Elle dit se sentir plus ontarienne que québécoise. Pour elle, le français occupe une place importante dans sa vie et dans celle de son mari et de ses enfants, à cause en particulier des avantages liés à cette langue. Elle trouve, en effet, qu'il est important de parler le français parce que cela permet de communiquer avec plus de monde et, surtout, d'accéder à un marché du travail plus vaste, puisque la connaissance du français y représente un atout précieux. Dans la capitale fédérale, c'est important de communiquer dans les deux langues. Cependant, l'importance qu'elle accorde aux langues va au-delà de la connaissance du français. Pour Clara, il est essentiel de pouvoir communiquer dans plusieurs langues dans le monde d'aujourd'hui. Claude, de son côté, semble accorder une valeur sentimentale à la langue française. Il parle de sa fierté d'être francophone. Le père de Pierre insiste par ailleurs, comme Clara, sur la valeur utilitaire de la langue française. La valeur marchande du français fait partie intégrante du discours des parents. Ils s'entendent pour dire que le français est avant tout un moyen de communication. Comme l'explique Clara:

> Ben disons que pour moi, c'est très important de parler français parce que, surtout pour les enfants, ils vont en avoir besoin quand ils vont travailler, si ils vont demeurer au Québec ou à l'est de l'Ontario, ils vont certainement avoir besoin du français…
> (Ent. par. 2-3, DGL, 1A, p. 20)

La sœur cadette de Pierre, Nancy, a 13 ans lorsque nous la rencontrons. Elle est en 7e année et fréquente une école élémentaire de langue française de la région. Nancy explique sans hésitation qu'elle se considère bilingue, avec l'anglais comme langue dominante. Pour elle, la connaissance des deux langues officielles ne possède qu'une valeur utilitaire. Elle en parle en ces termes:

> Ben, comme on dit… surtout comme les personnes de mon âge, comme, ça va mener à un bon emploi plus tard, à cause qu'il y a beaucoup plus de personnes qui parlent français maintenant, donc il y a un besoin de personnes qui parlent français et anglais.
> (Ent. sr. 2-3, MB, 1A, p. 5)

Elle ajoute qu'avec ses amies, elle emploie surtout l'anglais dans ses interactions, à l'école comme à l'extérieur de l'école. La sœur de Pierre pratique quelques sports, dont le soccer et le hockey. Les équipes dont elle fait partie sont majoritairement anglophones. Néanmoins, Nancy mentionne qu'elle s'adresse à certaines personnes en français, dont un de ses entraîneurs, qui ne lui parle jamais en anglais. À la maison, elle écoute la musique et regarde la télévision en anglais. Pour elle, être bilingue signifie bien parler les deux langues.

En ce qui concerne les pratiques langagières, à la maison, Pierre et Nancy indiquent tous les deux qu'ils parlent en français avec leur père et en anglais avec leur mère. Selon Pierre, il communique avec sa sœur dans les deux langues. Cependant, Nancy indique, pour sa part, que les interactions verbales avec son frère se passent généralement en anglais. Du côté des parents, ces derniers se parlent toujours en anglais lorsque les enfants ne sont pas là. Dans les interactions familiales, on retrouve plusieurs scénarios. Lorsque Clara est seule avec les enfants, ils se parlent en anglais. Lorsque les enfants sont seuls avec leur père, la langue d'usage passe au français. Lorsque les membres de la famille sont réunis, la conversation se poursuit dans un format bilingue, où l'anglais va néanmoins dominer, aux dires de tous. Les enfants ont été ainsi exposés au français et à l'anglais dès leur naissance. Lorsque Pierre était bébé, il a été sous la responsabilité d'une gardienne francophone, alors que dans le cas de Nancy, sa première gardienne était anglophone. D'après leur mère, cela expliquerait que Pierre possède une plus grande facilité en français, comparativement à sa sœur.

Pour ce qui est des activités familiales, celles-ci se font généralement en anglais. Par exemple, à la maison, la famille regarde la télévision en anglais. Comme activités extérieures, la famille va principalement au restaurant où, selon Pierre, la langue d'usage demeure l'anglais. Néanmoins, les rencontres dans la famille du père du Pierre se passent généralement en français, alors que du côté de sa mère, celles-ci se font toujours en anglais. On peut ainsi constater que, dans l'ensemble, la dynamique familiale fait la promotion des deux langues, en privilégiant l'anglais dans les pratiques linguistiques quotidiennes.

La vie scolaire de Pierre

Au cours des trois années d'observation, j'ai pu constater que le discours de Pierre face à l'école s'est quelque peu modifié. À notre première rencontre, Pierre a en effet parlé de l'école et des cours qu'il suivait en termes élogieux[2]. Lors du dernier entretien en avril 2000, Pierre émettait

---

[2] Il se peut, cependant, qu'un tel discours ait reflété chez Pierre le désir de fournir les «bonnes réponses», dans le cadre de sa participation à l'étude.

le désir de terminer ses études secondaires à la fin de la 12ᵉ année pour aller travailler à temps plein et éventuellement poursuivre des études collégiales, même s'il ne savait pas encore dans quel domaine.

À l'école, Pierre présente un rendement scolaire moyen et semble faire preuve, de façon générale, d'un manque d'intérêt en ce qui concerne ses cours et son travail scolaire[3]. Les observations que nous avons recueillies sur une période de trois ans indiquent, en effet, que Pierre ne prend pas une part très active dans les échanges qui ont lieu entre les enseignantes ou enseignants et les élèves dans le contexte de la salle de classe. Il arrive cependant qu'il intervienne afin de répondre à une question posée par l'enseignante ou l'enseignant. La façon dont il se comporte avec les membres du personnel enseignant varie selon l'individu — comme c'est le cas d'ailleurs de tous les élèves. Il prend un ton plus familier avec les enseignantes ou les enseignants qui sont plutôt jeunes, avec qui il paraît se sentir plus à l'aise.

De façon générale, les notes d'observation indiquent que Pierre ne semble pas très intéressé par la vie scolaire. En salle de classe, il semble parfois rêveur. Il travaille généralement seul, en écoutant de la musique sur son baladeur. Pierre porte souvent ses écouteurs en salle de classe, pratique qui ne semble pourtant pas très répandue parmi les autres élèves. Les individus qui ont enseigné à Pierre s'entendent pour dire que ce dernier ne démontre pas un grand intérêt pour ce qui se passe à l'école et qu'il éprouve certaines difficultés au niveau de son rendement scolaire. Un enseignant décrit Pierre de la façon suivante :

> Pierre, c'est un élève très intelligent. Il comprend les choses très rapidement, mais c'est qu'en termes de rendement scolaire, ce n'est pas un bon élève, parce qu'il n'aime pas écrire, il n'aime pas lire. Donc, ça veut dire qu'il ne fait pas bien dans les tests... Ça lui nuit beaucoup. (Ent. ens. 1-3, DGL, 1A, p. 11)

En ce qui a trait à l'usage du français et de l'anglais, les enseignantes et les enseignants qui le connaissent le définissent comme étant anglodominant, car Pierre utilise beaucoup l'anglais dans ses rapports quotidiens, surtout avec les autres élèves de l'école. Son entraîneur de hockey à l'école arrive également à la même conclusion, bien qu'il souligne le fait que Pierre ne constitue, en aucun cas, une exception :

---

[3] Lors d'une conversation téléphonique, Clara, la mère de Pierre, en mai de la même année, m'apprenait que Pierre avait changé d'école et qu'il fréquentait à présent une école alternative du même conseil scolaire, où d'après elle, il se sentait plus heureux et où il pouvait travailler à son propre rythme, puisque les élèves y reçoivent un enseignement individualisé.

Pierre est tout à fait typique. C'est un bon garçon. C'est un très chic jeune homme que j'apprécie beaucoup. J'ai pas eu l'occasion de lui enseigner, mais je l'ai à titre de joueur de hockey et puis ça me désole de constater que s'ils [les jeunes] font du sport — c'est le loisir ça le sport — et le réflexe dans leurs heures de loisir est de parler anglais. C'est un signe inquiétant, vous en conviendrez. (Ent. ens. 4-3, DGL, 1A, p. 17)

Pendant la dernière année de fonctionnement de l'étude, Pierre a participé au programme d'éducation coopérative de l'école[4]. D'après lui, son expérience a été enrichissante. Son travail consistait à installer des appareils-radio dans les autos. Lors du dernier entretien qui a eu lieu en avril 2000, rien ne laissait présager dans le discours de Pierre qu'il quitterait l'école Vigneault pour aller s'inscrire à une école alternative du conseil scolaire où les élèves reçoivent un enseignement individualisé.

Les activités de Pierre et de ses amis et amies

Il n'a pas été possible de faire une entrevue de groupe avec les amis et amies de Pierre. Selon ce dernier, le groupe ne voulait pas participer à l'activité. Les entrevues se tenant pendant les temps libres des élèves, cela aurait signifié pour eux de sacrifier leur temps de dîner ou une période libre. Nous avons cependant pu obtenir certaines informations de Pierre lui-même, puisqu'un de nos entretiens avec les élèves sélectionnés portait sur leur groupe d'amis et amies.

Aux dires de Pierre, ses amis et amies proviennent de divers milieux. Certains fréquentent l'école Vigneault, alors que d'autres sont d'ailleurs. Le groupe se compose de filles et de garçons, qui sont à peu près toutes et tous du même âge. Les activités auxquelles participent Pierre et ses amis et amies se résument aux suivantes: aller se promener en ville, se rendre à des parties, jouer au billard, ou tout simplement aller visiter les amis et amies à la maison, où on regarde la télévision et des films loués. L'été, il arrive que tous et toutes aillent faire du camping. Enfin, certaines de ces activités se passent au Québec, où les jeunes se rendent régulièrement.

La langue d'usage entre Pierre et ses amis et amies peut varier, tout dépendant de qui se retrouve ensemble et dans quelle langue s'amorce la conversation. Comme ce dernier explique:

---

[4] L'éducation coopérative consiste pour l'élève à acquérir une expérience de travail dans un domaine particulier à l'extérieur de l'école, pendant les heures de classe. Ce programme est sous la responsabilité de l'école et l'élève qui y participe reçoit un crédit ou des crédits en vue de l'obtention de son diplôme de fin d'études.

…Ça dépend à qui je parle, puis si lui ou elle vient me parler en anglais ou en français. Ça dépend… (Ent. 2, él. 3, DGL, 1A, p. 3)

Mais, il ajoute cependant qu'il communique le plus souvent avec ses amis et amies en anglais parce que, même s'il ne sait trop pourquoi, à son avis, c'est plus facile de le faire dans cette langue. Concernant la perception de ses amis et amies en ce qui concerne la langue et la culture françaises, il nous a été impossible de tirer une réponse claire de la part de Pierre. Comme ce sujet n'a jamais été abordé avec le groupe d'intéressés, le jeune homme a été incapable de nous éclairer sur ce point.

En ce qui a trait aux activités de Pierre, ce dernier se trouve passablement occupé pendant l'année scolaire : il va à l'école, travaille à temps partiel — à partir de la deuxième année de fonctionnement de l'étude — et il joue au hockey pour l'équipe de l'école. De plus, il fait un peu de planche à neige lorsque son horaire le lui permet. Malgré un horaire chargé, il trouve quand même le temps de sortir avec ses amis et amies. Pendant l'été 1998, Pierre travaille environ vingt heures par semaine dans un restaurant franchisé de la région d'Ottawa. Il garde cet emploi pendant l'année scolaire. En 1999, cependant, il décide d'abandonner son travail au moment où il participe au programme d'éducation coopérative à l'école. Sauf pour le hockey, qui est un sport d'école, donc où on utilise le français, la langue qu'il privilégie dans ses diverses activités est l'anglais, même lorsqu'il travaille au restaurant. Faisant référence spécifiquement aux gens avec qui il travaille, Pierre indique dans l'une des entrevues que ces derniers se moquent de lui lorsqu'il parle en français. Il n'a toutefois pas pu expliquer pourquoi lorsqu'interrogé à ce sujet. D'après les données recueillies et ce qu'en dit le jeune homme, l'anglais est la langue dans laquelle ce dernier se sent le plus à l'aise.

Le point de vue de Pierre sur la langue et la culture françaises et son rapport à l'identité

Le discours de Pierre indique une conception de la langue et de la culture françaises qui ne les place pas au cœur des préoccupations de l'adolescent. Au cours des trois années de fonctionnement du projet, ce discours est resté le même. Pierre se considère bilingue. Selon lui et contrairement aux autres jeunes de l'étude, les deux langues possèdent la même importance, ce sont des langues utilitaires, des langues de communication. Les explications qu'il fournit à ce sujet sont les suivantes.

1) Il explique, par exemple, qu'à l'école, il parle en français dans ses cours, principalement avec les enseignantes et les enseignants parce que c'est la règle, alors qu'avec ses amis et amies, il utilise plutôt l'anglais.

2) À la maison, il utilise à la fois l'anglais avec sa mère et le français

avec son père. Les échanges avec sa sœur se feraient dans les deux langues, alors que les échanges familiaux, lorsque les quatre sont réunis, se feraient plutôt en anglais.

3) Il fait des activités sportives à l'école en français, travaille à temps partiel en anglais et écoute surtout la musique anglaise.

Lors de sa dernière entrevue, Pierre a mentionné qu'il préfère l'anglais au français parce qu'il se sent plus à l'aise dans cette langue. Il a ajouté également que le français ne représentait pour lui qu'une langue dans laquelle il étudie et qu'il l'utilise principalement dans le contexte scolaire. Mais même dans ce contexte, les notes d'observation montrent que Pierre est sélectif dans l'utilisation du français à l'école. La langue d'échanges avec les élèves demeure encore l'anglais. Il est également intéressant de noter que même si Pierre a mentionné au début de l'étude qu'il utilisait quelque peu le français dans son milieu familial, il n'en fait aucune mention lors de la dernière entrevue qu'il nous a accordée.

D'après les propos tenus et les observations rapportées, Pierre fait preuve d'un comportement bilingue où l'anglais domine. Ses pratiques langagières se trouvent en contradiction avec le discours qu'il tient sur son positionnement face à la langue française, à savoir qu'elle est aussi importante dans sa vie que l'anglais. À mon avis, il n'accorde pas la même valeur au français qu'à l'anglais. Les données montrent en effet une utilisation très importante de l'anglais dans ses activités quotidiennes.

Conclusion

Les pratiques langagières de Pierre favorisent donc l'anglais. Mais, comme l'a mentionné l'un de ses entraîneurs, Pierre ne constitue pas nécessairement une exception et il représenterait plutôt la norme. Néanmoins, le discours de Pierre m'a amenée à m'interroger sur son rapport à la langue et à la culture françaises. En effet, les questions reliées à la francophonie et à l'appartenance de groupe ne semblent pas intéresser Pierre et il a peu à dire sur le sujet, ce qui n'est pas le cas pour les autres jeunes qui ont participé à la présente étude.

Pourtant, les propos de son père indiquent qu'il tente d'inculquer à ses enfants certains principes concernant l'importance de conserver la langue française, même si ces propos présentent un caractère quelque peu contradictoire. Le discours de Claude insiste davantage sur l'importance de maintenir la langue française à titre de tradition — pris dans son sens folklorique — que sur l'importance d'en faire une langue d'usage courante qui serait le reflet d'une appartenance de groupe et qui serait par le fait même au cœur d'une culture particulière. Ce qui ressort des discussions avec les parents de Pierre, c'est l'insistance à voir dans la langue française le côté utilitaire de cette dernière dans une société de mondialisation, où la connaissance des langues s'avère une valeur marchande sûre pour les membres de cette nouvelle société.

Pendant la durée de l'étude, Pierre a éprouvé certaines difficultés sur le plan scolaire. Le changement d'école survenu à la toute fin du projet indique certainement un malaise ressenti par le jeune homme face à son expérience et à sa réussite scolaires, mais également un désir d'améliorer sa situation. Au moment de l'étude, Pierre se trouvait ainsi dans une situation plutôt difficile à l'école, ce qui pourrait peut-être expliquer, dans ce contexte, son manque apparent de préoccupation face à la question identitaire.

En ce qui concerne plus spécifiquement sa participation au projet de recherche, même si Pierre s'est rendu jusqu'au bout de l'expérience, il n'y a toutefois pas pris une part aussi active que les autres participantes et participants. La nature du projet n'a pas réussi à l'interpeller, sinon qu'il a mentionné avoir porté une attention particulière à parler en français lorsque l'équipe de recherche se trouvait à l'école — fait d'ailleurs qui a été aussi rapporté par quelques membres du personnel enseignant interrogés. Il n'a pas poussé plus loin, cependant, comme quelques jeunes du groupe l'ont fait, la réflexion sur ce que signifie appartenir à une minorité francophone et sur les enjeux linguistiques et culturels qui y sont rattachés.

GABRIELLE

En 1997, Gabrielle, alors âgée de quinze ans, est en 10ᵉ année à l'école Vigneault. Elle est née au Québec, mais vit dans la région d'Ottawa depuis l'âge d'un an, avec sa mère, son père et son frère cadet.

La famille de Gabrielle

Les parents de Gabrielle, Claire et Alberto, sont nés au Québec. Alberto est de descendance italienne. Ses parents sont venus d'Italie pour s'établir à Montréal. Ils ont choisi le français comme langue seconde. Dans la sphère familiale, on parlait l'italien. Cependant, il parlait anglais avec son frère lorsqu'ils étaient seuls. Le père de Gabrielle expliquerait ce comportement, en grande partie, du fait que les deux garçons fréquentaient alors l'école de langue anglaise où ils avaient appris à interagir dans cette langue en très bas âge. Alberto a expliqué avoir fréquenté l'école de langue anglaise à Montréal parce que l'accès à l'école de langue française catholique lui avait été refusée par les autorités. Selon les dires d'Alberto, à cette époque, la communauté italienne de Montréal se voyait souvent refuser l'entrée dans les écoles de langue française.

Dans ces circonstances, Alberto s'est donc vu contraint de s'inscrire dans une école catholique de langue anglaise et c'est dans cette langue qu'il a poursuivi le reste de ses études. Il est allé dans une université anglophone au Québec où il a fait des études de premier et de deuxième cycles. Il est ingénieur civil et travaille dans une entreprise privée, dont le siège social se trouve à Toronto. Le père de Gabrielle dit se considérer trilingue, c'est-à-dire capable de parler l'italien, l'anglais et le français. En ce qui concerne les deux dernières langues, il précise, néanmoins, qu'il se sent plus à l'aise en anglais qu'il ne l'est en français.

La mère de Gabrielle, pour sa part, est née en Abitibi et a fait toutes ses études en français. Elle est ensuite déménagée à Montréal pour aller étudier à l'université. C'est dans cette ville qu'elle a rencontré son mari. Claire se considère comme une francophone trilingue, c'est-à-dire capable de parler trois langues, soit le français, l'anglais et l'italien. Elle se dit très francophone par ailleurs. En parlant de ce que cela veut dire «être francophone» pour elle, la mère de Gabrielle s'exprime en ces termes :

> Ça veut dire beaucoup, en tout cas, pour moi ça veut dire beaucoup. C'est ma langue. Je suis née francophone. J'ai appris le français à l'école, pour moi le français c'est très important. Il faut que ce soit bien parlé, bien écrit... j'y tiens beaucoup...
> (Ent. par. 2-2, DGL, 1A, p. 11)

Claire est présentement chauffeure d'autobus scolaire pour des élèves handicapés. Elle a choisi cet emploi pour une raison précise. Son fils Alain, le frère de Gabrielle, âgé de douze ans au moment de l'entrevue avec les parents, est handicapé sur le plan intellectuel. Il est né avec ce handicap et il demande des soins constants. Il est physiquement contraint à un fauteuil roulant, ne peut manger seul et il parle très peu. Alain est inscrit dans une école de langue anglaise de la région, car le système scolaire de langue française ne peut pas répondre à ses besoins. Il n'en a pas toujours été ainsi cependant. Claire a expliqué que lorsque Alain a commencé à aller à l'école, il fréquentait une école de langue française. Cependant, le programme dont bénéficiait Alain à cette école a été aboli, ce qui a obligé ce dernier à changer d'école. On a donc inscrit Alain dans une école de langue anglaise. Comme l'explique sa mère :

> Quand Alain a commencé l'école, c'était en français. C'est une des choses qui nous a été enlevée d'ailleurs. L'association qui offrait des services au préscolaire avait une école pour les enfants francophones. L'année suivante, cette école a été amalgamée avec une autre, qui était anglophone. Puis là, les enfants ont été

trimballés un peu partout, car ils ne trouvaient pas personne de bilingue pour prendre la direction de cette école-là...
(Ent. par. 2-2, DGL, 1A, p. 14)

D'après les parents, cependant, les services de soutien pour les enfants en difficulté sont de meilleure qualité dans les écoles de langue anglaise, lorsqu'on les compare à ceux offerts en français. Néanmoins, les membres de la famille continuent à s'adresser à Alain en français à la maison. Sa mère ajoute que l'enseignante d'Alain, qui parle le français, fait de louables efforts pour lui parler en français, de même que certains élèves qui connaissent aussi la langue. Claire termine en disant que, selon elle, Alain comprend très bien le français, même si ce dernier ne peut pas véritablement s'exprimer verbalement. Selon sa mère, Alain s'ennuie depuis qu'il fréquente une école de langue anglaise.

Au niveau des pratiques langagières à la maison, Gabrielle communique habituellement avec son père en anglais et avec sa mère et son frère, en français. Quand les deux parents sont présents, Gabrielle utilise les deux langues. Les parents de Gabrielle se parlent en français et en anglais. En ce qui concerne les activités familiales, la langue d'usage passe du français à l'anglais selon les circonstances. Par exemple, les membres de la famille regardent plutôt la télévision en anglais. Par ailleurs, lorsque Gabrielle et les siens visitent la parenté au Québec, la langue d'usage devient, en grande partie, le français. Les parents de Gabrielle sont conscients des dangers de l'anglicisation dans la région où ils habitent et, plus particulièrement, de l'attrait que l'anglais exerce sur leur fille. Sa mère en parle d'ailleurs en ces termes:

> Gabrielle, elle est bilingue à 100%. Je pense qu'elle n'a aucune difficulté, autant en anglais qu'en français. Puis, il ne faudrait pas la laisser aller, parce que l'anglais prendrait le dessus éventuellement... probablement qu'elle garderait un petit peu de sa culture française, mais ça serait dangereux...
> (Ent. par. 2-2, DGL, 1A, p. 14)

Les parents de Gabrielle, en particulier sa mère, sont impliqués dans divers organismes francophones de la région d'Ottawa. Claire est active, par exemple, dans un organisme qui offre des services aux personnes souffrant de déficiences intellectuelles. Elle en profite d'ailleurs lors de l'entrevue pour mentionner la difficulté pour les membres de son comité de recevoir de l'information en français. Elle siège également au comité consultatif pour l'enfance en difficulté du conseil scolaire, de même qu'au conseil d'école de l'école Vigneault et appartient à d'autres organismes culturels de la région. De son côté, le père de Gabrielle est également actif dans des clubs et des organismes culturels et communautaires. Claire et Alberto insistent sur l'importance de conserver la langue et la culture françaises. C'est en grande partie pour cette raison qu'ils ont toujours été actifs dans les organismes francophones depuis qu'ils habitent en Ontario.

C'est pourquoi le choix d'une école élémentaire de langue française pour leur fille n'a pas été difficile à faire pour les parents de Gabrielle. De plus, avant son entrée à l'école, Gabrielle était entourée de petits amis francophones. Le quartier où la famille habitait était presque entièrement francophone et les premiers contacts que la famille de Gabrielle ont établis avec les résidents et résidentes du quartier ont été en français. Il était donc tout naturel, à cette époque, que les enfants s'inscrivent à l'école de langue française. Quand Gabrielle est arrivée au palier secondaire, Claire et Alberto lui ont donné le choix d'étudier en anglais. Ses parents lui ont tout de même souligné le danger possible de passer à l'anglais, étant donné qu'elle avait toujours étudié en français, et qu'elle éprouverait peut-être certaines difficultés avec une nouvelle langue d'enseignement. Gabrielle a alors opté pour une école de langue française.

La vie scolaire de Gabrielle

Gabrielle réussit bien à l'école et prévoit faire des études universitaires. En classe, c'est une élève tranquille et effacée aux dires des enseignantes et des enseignants qui ont travaillé avec elle. Pendant les périodes d'observation, nous avons pu constater que Gabrielle, en effet, n'interagissait pas beaucoup avec le reste de la classe. Elle était à son affaire, à exécuter les tâches exigées par l'enseignante ou l'enseignant. Gabrielle est perçue comme élève appliquée, qui prend à cœur le travail qu'elle fait et qui a d'excellentes habitudes de travail. Certains enseignants la considèrent d'ailleurs comme l'une de leurs meilleurs élèves. Toutes et tous ont cependant été unanimes à dire que Gabrielle est une adolescente difficile à cerner, étant donné qu'elle ne parle pas beaucoup et qu'elle ne se mêle pas facilement aux autres. Parlant de Gabrielle, un membre du personnel enseignant s'est exprimé en ces termes:

> Gabrielle… elle ne parle pas beaucoup. Je ne la connais pas
> tellement. Il y a des élèves que tu connais, mais elle, je ne
> connais pas tellement. Elle lève pratiquement jamais la main,
> pas beaucoup… elle est très gênée…
> (Ent. ens. 2-2, MB, 1A, p. 9)

La plupart des membres du personnel interrogés pensent par ailleurs que le français domine chez Gabrielle. Néanmoins, l'un d'entre eux a noté que dans sa salle de classe, depuis quelques mois, Gabrielle semblait se tenir davantage avec des élèves qui privilégient l'anglais au français, en particulier avec une adolescente, Allison, et que la langue d'usage entre les deux semblait plutôt être l'anglais. Les notes d'observation vont aussi dans ce sens et indiquent que Gabrielle semble privilégier plutôt l'anglais dans ses échanges verbaux avec les autres élèves, en salle de classe, comme à l'extérieur de la salle de classe. De plus, nous avons constaté, tout comme l'ont fait les enseignantes et les enseignants interrogés, que Gabrielle est une élève effacée, qui travaille la plupart du temps seule, à moins qu'un travail d'équipe ne soit exigé.

À l'école, Gabrielle appartient à un club qui traite de la question du multiculturalisme et dont l'objectif est de sensibiliser les élèves de l'école au pluralisme ethnoculturel et au racisme. Elle a d'ailleurs participé à un camp d'une fin de semaine avec d'autres élèves de son école et dont le but était de les sensibiliser à cette nouvelle réalité. Elle est supposée, à présent, entreprendre cette même sensibilisation auprès des élèves de son école. Elle parle de son expérience en ces termes:

> Ben vraiment, c'est pour promouvoir le multiculturalisme, parce qu'à notre école, on a de toutes les races et de toutes les religions. C'est juste pour sensibiliser les gens au multiculturalisme en fait. (Ent. 6, él. 2, MK, 1A, p. 6)

Pendant l'année scolaire 1998-1999, Gabrielle a été responsable du journal de l'école. Elle contribuait à la rédaction d'articles, voyait à la mise en page des articles acceptés pour publication et elle se chargeait de la révision linguistique de ces articles. Au cours des observations, nous avons été à même de noter que Gabrielle jouait un rôle important dans le fonctionnement du journal étudiant. Nous avons été témoins en effet que plusieurs des élèves, qui participaient à la réalisation de ce journal, se tournaient souvent vers Gabrielle pour des conseils de toutes sortes. Les activités auxquelles Gabrielle participe à l'école se font entièrement en français.

Pendant la deuxième année de l'étude, Gabrielle a pris part, tout comme Pierre, au programme d'éducation coopérative de l'école. Son expérience de travail s'est réalisée dans une banque où elle a agi, en grande partie, comme caissière. Selon la gérante de banque interrogée, Gabrielle a fait de l'excellent travail tout au cours de son stage. L'adolescente a travaillé en très grande partie en français, puisque cette succursale se trouve dans un secteur francophone de la ville d'Ottawa. Gabrielle a aimé son expérience. À la fin de son stage et à cause de la qualité de son travail, Gabrielle s'est vue offrir un emploi à temps partiel. Elle y travaille depuis. Elle aime bien cet emploi qu'elle considère supérieur à ceux qui sont généralement réservés aux jeunes de son âge.

En ce qui concerne l'avenir, Gabrielle envisage de poursuivre des études universitaires. Elle n'a cependant pas encore fixé son choix de carrière. Elle hésite entre le domaine de la traduction et celui de la finance. Même si Gabrielle aimerait s'inscrire dans une université de langue anglaise de l'Est de l'Ontario, elle croit qu'elle ira à l'Université d'Ottawa parce que c'est plus près de chez elle. Elle indique qu'elle compte étudier principalement en français, bien qu'elle ne ferme pas la porte à la possibilité de prendre quelques cours en anglais.

Les amies de Gabrielle

Gabrielle possède trois grandes amies à l'école. Parmi celles-ci, Gabrielle considère Allison comme étant sa meilleure amie. En ce qui a trait à la langue utilisée dans leurs échanges, Gabrielle a expliqué que la langue dépend de l'amie avec qui elle s'entretient :

> … on est quatre. Il y en a une avec qui je parle quasiment toujours en anglais, parce que, je ne sais pas, on a essayé de parler en français mais je sais pas, ça ne fonctionne pas. Puis, on a de la misère à se comprendre, on est tellement habitué de se parler en anglais qu'en français… Je parle toujours en français avec une autre. Et puis, il y en a une avec qui je parle les deux, comme un mélange des deux… (Ent. 3, él. 2, AM, 1A, p. 1)

Lors de l'entrevue de groupe, Gabrielle nous a présenté deux de ses amies, Allison et Jocelyne. Toutes deux vivent dans des familles où le français est la langue d'usage. Les deux adolescentes ont toujours fréquenté des écoles de langue française. Allison, Jocelyne et Gabrielle se sont rencontrées pendant leur première année à l'école secondaire. Elles sont amies depuis. Les pratiques langagières des amies de Gabrielle diffèrent d'une jeune fille à l'autre. Les convictions face à la langue et à la culture françaises varient également. Allison, pour sa part, dit croire à l'importance de la langue française, même si elle utilise de préférence l'anglais dans ses rapports quotidiens avec les autres. Jocelyne, dont le père a toujours été très impliqué au sein de la francophonie, insiste aussi sur l'importance de la langue et de la culture françaises. Contrairement à Allison, Jocelyne utilise rarement l'anglais dans ses échanges. Elle nous a fait remarquer que même si elle est capable de parler en anglais, elle ne le fait pratiquement jamais et qu'elle incite les gens à parler en français. Elle mentionne qu'elle demande d'être servie en français lorsqu'elle se rend dans un bureau ou dans un magasin. En parlant des luttes menées contre la fermeture de l'hôpital Montfort[5] par exemple, Jocelyne s'exprime en ces termes:

> Ben, je trouve que c'est important pour quelqu'un qui parle en français, je trouve ça important de pouvoir se faire servir dans sa langue, puis, si c'est le seul hôpital francophone... en Ontario je trouve important de le garder... si on en a juste un, je trouverais pas très logique de fermer le seul hôpital francophone.
> (Ent. am. 2-2, DGL, 1A, p. 17)

Gabrielle parle toujours en français avec Jocelyne, et en anglais avec Allison. Gabrielle nous a expliqué que si quelqu'un lui adresse la parole en anglais, elle répondra dans cette langue. Les observations effectuées en salle de classe confirment d'ailleurs que Gabrielle parle généralement en anglais avec Allison lorsqu'elles sont ensemble. Avec Jocelyne, par ailleurs, Gabrielle parle toujours en français. Quand le groupe d'adolescentes est ensemble, cependant, ces dernières se parlent en français, car Jocelyne ne veut pas parler en anglais. Les activités qu'elles pratiquent avec ses amies, en dehors de celles qu'elles poursuivent à l'école, sont les suivantes: aller au restaurant, aller au cinéma et assister à des spectacles. En ce qui concerne les deux dernières activités, celles-ci se font généralement en anglais.

Les activités de Gabrielle

Lorsque Gabrielle était enfant, elle a suivi plusieurs cours — piano, ballet, théâtre, etc. — en français, dans un centre communautaire de la région d'Ottawa. Elle dit, par ailleurs, ne jamais avoir été intéressée par les activités sportives, pas plus que le mouvement scout, qui était populaire au moment où elle a grandi. Gabrielle appartient, avec sa famille, au groupe religieux des Témoins de Jéhovah. Elle assiste à des réunions régulières du groupe trois fois par semaine, dont le dimanche, moment du service hebdomadaire. Ces activités se passent à la Salle du royaume, nom donné à l'endroit où se réunissent les Témoins de Jéhovah. Une autre activité, la prédication, consiste à aller faire du porte-à-porte pour entretenir les gens sur sa religion. À cette occasion, les résidentes et résidents se voient offrir des bibles ou des magazines. Lors de ce porte-à-porte, aucune sollicitation monétaire n'est faite. La congrégation à laquelle appartient Gabrielle est entièrement francophone. Les activités à la Salle du Royaume et le porte-à-porte se font donc entièrement en

---

[5] Au moment où l'étude s'est déroulée, le gouvernement ontarien voulait fermer le seul hôpital francophone de la province. Les francophones se sont donc mobilisés afin d'empêcher cette fermeture.

français. Selon l'adolescente, la religion joue un grand rôle dans sa vie, puisqu'elle y consacre un nombre important d'heures à chaque semaine.

En plus de ses activités avec son groupe d'amies et avec les Témoins de Jéhovah, Gabrielle détient également son emploi à temps partiel à la banque. Elle y travaille après l'école, pendant la semaine. Tel que mentionné auparavant, elle y est caissière. Cet emploi plaît beaucoup à Gabrielle qui a ainsi la chance de travailler dans un domaine qui l'intéresse, tout en gagnant de l'argent. Enfin, Gabrielle a mentionné une dernière activité qui semble aussi occuper ses loisirs. Il s'agit d'Internet, où elle s'entretient avec des individus de divers pays, sur divers sujets. Elle précise que ces échanges se font généralement en anglais.

Le point de vue de Gabrielle sur la langue et la culture françaises et son rapport à l'identité

Lors du sondage sur les habitudes langagières administré en 1997, Gabrielle a dit se considérer trilingue, pouvant en effet parler le français, l'anglais et l'italien. Gabrielle suit aussi des cours d'espagnol. Elle indique que c'est important pour elle d'aller dans une école de langue française parce qu'elle tient à sa langue. Lors de sa dernière entrevue, elle mentionne que sa participation au projet l'a amenée à réfléchir davantage à la langue et à la culture françaises et elle comprend mieux l'importance à accorder de façon générale à la francophonie.

Gabrielle se trouve constamment à la frontière du français et de l'anglais, passant facilement de l'un à l'autre, selon les circonstances. Par exemple, les interactions familiales se passent dans les deux langues. Gabrielle parle à sa mère et à son frère en français, alors que la langue d'usage avec son père est plutôt l'anglais. Avec certaines de ses amies, elle parle en français et avec d'autres, en anglais. À l'école, elle utilise souvent l'anglais dans la classe lorsqu'elle parle avec son amie Allison. Pourtant, elle s'adresse toujours en français aux enseignantes et aux enseignants et elle est perçue par ces derniers comme étant franco-dominante. Pour le personnel de l'école, il peut s'avérer difficile de se faire une idée juste du parcours identitaire de l'adolescente et de son appartenance de groupe, étant donné qu'elle n'interagit pas beaucoup en salle de classe. Il nous a semblé, en effet, aux divers moments où Gabrielle a été observée, qu'elle privilégiait davantage l'anglais au français dans ses échanges avec ses compagnes de classe. Une remarque des plus intéressantes, à mon point de vue, est celle faite par l'un de ses enseignants pendant la première année de fonctionnement du projet, en 1997. Celui-ci mentionne en effet un changement dans les habitudes linguistiques de Gabrielle à l'école:

Elle [Gabrielle] est en train de changer de groupe d'amis. Elle est témoin de Jéhovah, puis au début de l'année, elle se tenait avec ce groupe-là. Puis, maintenant elle commence à se tenir avec d'autres gens… Au début de l'année… je ne me souviens pas qu'elle parlait anglais. Je l'ai entendu fonctionner entièrement en français. Maintenant, elle se tient avec des élèves plus bilingues. (Ent. ens. 1-2, DGL, 1A, p. 12-13)

Il semble donc que Gabrielle, en élargissant son cercle d'amis et amies à l'école, se voit placée dans une situation où l'usage de la langue ne se limite plus autant qu'auparavant au français. Les activités menées par Gabrielle à l'extérieur de l'école se font elles aussi dans les deux langues. Les activités religieuses avec les Témoins de Jéhovah auxquelles elle participe activement se déroulent, pour leur part, entièrement en français. Lorsqu'elle travaille à la banque, le français est aussi la langue d'usage. Néanmoins, lorsqu'elle va au cinéma ou à des spectacles avec ses amies, c'est en anglais. Enfin, même si l'italien fait partie de son répertoire linguistique, elle ne semble pas en faire un très grand usage, sauf lorsqu'elle s'entretient au téléphone avec la parenté de son père qui vit encore en Italie.

Conclusion

Le milieu familial de Gabrielle a amené cette dernière à vivre à la frontière de plusieurs langues. Le français, l'anglais, et jusqu'à un certain point l'italien, s'entrecroisent de façon quotidienne dans les rapports de Gabrielle avec ses parents et son frère. Même si le noyau familial fait usage de plusieurs langues, un sens d'appartenance à la francophonie est néanmoins discernable chez les parents de Gabrielle qui, d'après les propos qu'ils ont tenus, insistent sur l'importance de la langue et de la culture françaises au sein de leur famille. Ils sont, de plus, sensibilisés à la présence toujours plus grande du phénomène de l'anglicisation dans la vie de tous les jours et des dangers que cela représente pour Gabrielle. Finalement, leur implication dans divers organismes de langue française dénote aussi une volonté de vivre en français.

Par ailleurs, en ce qui concerne Gabrielle, on constate qu'il est facile pour cette dernière de passer d'une langue à l'autre et qu'en fait, ses proches ont même noté chez leur fille un attrait de plus en plus grand pour l'anglais. Lors de la dernière entrevue menée avec Gabrielle en avril 2000, cette dernière a par ailleurs mentionné que sa participation au projet de recherche l'avait fait réfléchir, au cours des trois années, sur la culture française et lui avait fait apprécier davantage la francophonie canadienne.

Il n'en demeure pas moins que la position occupée par Gabrielle à la frontière du français et de l'anglais peut paraître alarmante pour certains. En effet, plusieurs pourraient se questionner sur l'impact de ce positionnement à long terme. Je ne crois pas que ce phénomène de bilinguisation soit nécessairement synonyme d'assimilation. Ce va-et-vient entre les deux langues et les deux cultures, ce phénomène de mouvance que l'on constate chez Gabrielle en ce qui concerne son sens d'appartenance linguistique et culturelle fait partie intégrante de son parcours identitaire. De plus, cette mouvance montre de façon très claire l'importance du contexte dans le choix des pratiques langagières et des rapports quotidiens qu'entretient Gabrielle avec les autres, que ce soit en milieu scolaire ou autre. Seul l'avenir pourra témoigner des retombées de la position occupée par Gabrielle dans le processus de construction identitaire auquel, notons-le, cette dernière participe de façon active.

MÉLODIE

En 1997, Mélodie est âgée de 16 ans et fréquente l'école Vigneault, où elle se trouve en 11ᵉ année. Péruvienne d'origine, elle a vécu la majeure partie de sa vie dans la région d'Ottawa, avec quelques séjours à l'étranger. Elle est fille unique et vit avec ses parents adoptifs, des francophones originaires du Nord de l'Ontario, tous deux à la retraite.

La famille de Mélodie

Les parents de Mélodie, Paul et Constance, sont nés tous les deux dans le Nord de l'Ontario. Originaires de familles francophones, ils ont été élevés en français et tous deux ont fréquenté l'école de langue française. Le père de Mélodie a cependant fait quelques années d'études en anglais à Toronto en théologie. Il a laissé le clergé en 1971 et a poursuivi par la suite une carrière dans l'enseignement. Après avoir pris sa retraite, Paul a embrassé une nouvelle carrière, celle de diplomate pour le gouvernement fédéral canadien, poste qu'il a conservé jusqu'au moment de sa retraite définitive en 1992. À cause du travail de Paul, sa famille a fait quelques séjours à l'étranger, comme en Amérique du Sud et en Afrique. Ottawa est cependant demeuré le lieu permanent de résidence. Constance a poursuivi elle aussi une carrière dans le domaine de l'enseignement. Après avoir obtenu son brevet d'enseignement de l'Université d'Ottawa, elle est retournée dans le nord de la province pour y travailler. Elle a également séjourné en Allemagne où elle a enseigné pendant quelque temps dans une école des forces armées canadiennes. Constance se définit comme étant franco-ontarienne, même si elle a avoué avoir hésité entre ce terme et celui de «canadienne-française». Pour elle, le terme «franco-ontarienne» fait référence à la fois à la langue et à la culture. Constance demeure néanmoins quelque peu hésitante lorsqu'elle en parle. La conversation qui suit reflète d'ailleurs cette hésitation, alors qu'elle tente de définir ce qu'elle entend par «franco-ontarienne»:

> *Constance:* Ça veut dire de naissance de parents de descendance française et puis ontarienne, à cause de la province bien sûr, et surtout parce que pour moi, francophone, anglophone, hispanophone et quelque soit le «phone», c'est que tu peux parler telle ou telle langue, mais ça ne t'identifie comme personne, comme nationalité... pour moi, c'est pas une identité, c'est une capacité d'être francophone.
>
> *Int:* Donc, vous associez j'imagine la culture à votre appartenance. C'est pas une appartenance uniquement linguistique?
>
> *Constance:* Non, non... J'ai hésité, pour vous dire la vérité, j'ai hésité entre canadienne-française et puis franco-ontarienne.
>
> *Int:* Quelle différence vous faites entre les deux?
>
> *Constance:* Bien, qu'on l'ait voulu ou non, c'est qu'on nous a catalogués comme ça depuis que les Québécois sont Québécois et rien d'autre. On a catalogué à peu près tous les gens au pays comme étant ce qu'ils sont à partir de leur province... Mais la culture, c'est sûr que c'est la culture que nos ancêtres avaient...
>
> (Ent. par. 2-5, DGL-MB, p. 4)

Quant au père de Mélodie, il se dit à la fois franco-ontarien et canadien-français. Selon lui, il est important de conserver la langue et la culture françaises, parce que cela fait partie des droits des francophones qui vivent en Ontario. Il définit le concept de culture de la façon suivante:

> C'est des schémas de référence à partir d'une culture française que tu peux identifier, une connaissance de l'histoire, de ton histoire, de l'histoire de ton peuple...
> (Ent. par. 2-5, DGL-MB, p. 5)

Les parents de Mélodie font preuve de fortes convictions par rapport à l'importance de la langue et de la culture françaises et ils jouent depuis longtemps un rôle actif dans la francophonie ontarienne. Pour Paul, cela s'est traduit tout au cours de sa vie par un engagement continu au monde associatif francophone comme, par exemple, la Société Saint-Jean-Baptiste et le club Richelieu. Ce dernier a même appartenu, il y a quelque temps déjà, à une société secrète dont le but était de combattre l'assimilation des

Canadiens français. À titre de bénévole, Constance, de son côté, a surtout été impliquée dans le mouvement scout. Présentement, le père de Mélodie s'occupe d'un club social dont les activités visent à rassembler les francophones de la région et à organiser des discussions sur des questions qui portent sur la francophonie. En plus des activités sociales et politiques, les parents de Mélodie participent aussi à des événements artistiques et musicaux de toutes sortes.

Le français a toujours été la langue d'usage dans le milieu familial et l'on tente, le plus possible, de faire des activités familiales en français, que ce soit les émissions de télévision que l'on regarde ou les sorties culturelles que l'on fait. On ne nie cependant pas, qu'à l'occasion, on regarde la télé en anglais. Plusieurs ressources en français sont disponibles à la maison comme, par exemple, des journaux et des livres. En ce qui a trait aux contacts avec les membres de la famille élargie, ceux-ci se font dans les deux langues cependant, étant donné que certains des conjoints sont anglophones. Les parents de Mélodie sont d'avis que leurs efforts à défendre les droits des francophones ont servi d'exemple à Mélodie et ont contribué à développer chez leur fille un sens d'engagement vis-à-vis la francophonie. D'après ces derniers, Mélodie est déjà consciente des droits qui reviennent aux francophones. Les parents donnent comme exemple la participation de la jeune fille aux manifestations qui ont eu lieu contre la fermeture de l'hôpital Montfort.

Mélodie avait deux ans lorsque sa famille est revenue du Pérou pour vivre au Canada, après que le mandat de son père à titre de diplomate fut complété. Ils se sont alors installés dans la région d'Ottawa. En ce qui concerne ses origines péruviennes, Mélodie dit connaître l'histoire, les coutumes et la culture de son pays natal et qu'elle en garde quelques souvenirs. Cependant, elle n'est pas restée en contact avec les gens de là-bas et elle n'y est retournée qu'une seule fois, depuis qu'elle habite au Canada. Elle a toujours fréquenté l'école de langue française et elle se considère trilingue. Elle peut en effet parler le français, l'anglais et l'espagnol. Bien qu'elle avoue ne pas maîtriser très bien cette dernière langue, elle peut la comprendre et la lire assez bien. Pour elle, être trilingue signifie des façons différentes de communiquer avec les autres, ce qui s'avère utile lorsqu'elle voyage.

Mélodie a développé encore très jeune un goût marqué pour la musique et celle-ci tient une place importante dans sa vie. Les instruments dont elle joue sont la clarinette et le piano. C'est à titre de clarinettiste qu'elle se définit cependant. Au début de l'étude, elle faisait partie de l'orchestre municipal d'Ottawa, de l'harmonie à l'école Vigneault et de l'orchestre à l'école Demers, institution reconnue au niveau provincial pour ses programmes en arts. Mélodie a, jusqu'ici, participé à plusieurs camps de musique au Québec, comme à l'étranger. Ses parents l'ont toujours encouragée et aidée dans ce domaine. Mélodie mentionne à cet égard la grande disponibilité dont ont toujours fait preuve ses parents en ce qui concerne ses activités musicales.

La vie scolaire de Mélodie

À l'exception des deux années où Mélodie a habité en Afrique et où elle est allée à un lycée français, la jeune fille a toujours fréquenté des écoles de langue française de la région d'Ottawa. Inscrite à Vigneault depuis la 9e année, Mélodie s'est bien adaptée à la vie de l'école. La jeune fille est perçue par la plupart du personnel enseignant comme quelqu'un qui possède une culture plus vaste que la majorité des élèves à l'école, comme en font preuve les témoignages suivants:

> Mélodie, elle est spéciale… c'est une fille vraiment spéciale, elle a une culture personnelle. Elle fait de la musique, puis tout ça. (Ent. ens. 2-5, MB, 1A, p. 6)

> Mélodie, c'est une personne qui a une grande culture, mais évidemment c'est à cause de ses parents. Sa mère est professseure, son père aussi il était anciennement professeur. Donc, elle a déjà une bonne base à la maison pour la culture… une grande musicienne, comme je disais tout à l'heure… (Ent. ens. 2-5, DGL, 1A, p. 12)

À l'école, elle est considérée comme une élève franco-dominante, même si on remarque qu'elle parle cependant parfois en anglais avec les autres élèves. Mélodie prend une part active aux activités parascolaires, elle est membre de l'harmonie et participe à certains sports. Elle est membre, entre autres, des équipes de soccer, de ballon-panier et de ballon-volant de l'école.

En 1998, Mélodie décide de changer d'école. Elle trouve que l'école Vigneault répond mal à ses besoins, étant donné que sa vie gravite autour de la musique et que Vigneault est plutôt versé dans les sports et l'informatique. Elle s'en va à l'école Demers, institution non confessionnelle, dévouée aux diverses formes d'art. Elle s'inscrit au programme de musique. Elle vante l'esprit innovateur de l'école Demers surtout en ce qui concerne la musique. Les parents de Mélodie acquiescent à la demande de leur fille, lorsque cette dernière exprime le désir de changer d'école vers la fin de l'année scolaire 1997-1998. L'adaptation à son nouveau milieu de vie est facile, car elle était déjà familière avec cette école. Elle s'exprime de la façon suivante:

> …je jouais dans l'orchestre [à l'école Demers], puis c'était juste
> des aller-retour. Puis à force de venir ici à Demers, je voyais
> comment c'était, et comment j'aimais plus ça…
> (Ent. 3 él. 5, DGL, 1A, p. 8-9)

Mélodie doit faire sept heures de musique par semaine, incluant théorie et pratique. Elle doit aussi faire partie d'ensembles musicaux, soit la chorale, l'harmonie ou l'orchestre. De surcroît, elle doit obtenir les crédits nécessaires pour l'obtention de son diplôme d'études secondaires. Mélodie nous a dit être enchantée de sa nouvelle école, où elle trouve les rapports avec les autres élèves plus faciles qu'à l'école Vigneault. Selon elle, cela est dû en grande partie au fait que son groupe d'amies et amis est constitué d'élèves qui sont également dans le programme de musique, donc qui partagent les mêmes intérêts que Mélodie. Elle s'est adaptée facilement à son nouveau milieu de vie et elle ne regrette pas sa décision d'avoir changé d'école.

Les amies et amis de Mélodie

À l'école Demers, son nouveau groupe d'amies et amis est constitué majoritairement de francophones. Elle s'est aussi fait un copain, Bobby, avec qui elle passe beaucoup de temps. Même si Bobby vit plutôt en anglais, à l'exception des heures passées à l'école, lui et Mélodie utilisent l'anglais et le français dans leurs échanges.

Avant son transfert à sa nouvelle école, Mélodie y avait déjà quelques amis. Lors d'une entrevue de groupe, nous avons rencontré quatre de ces amies et amis. Il s'agit de Stéphanie, Pascale, Jérôme et Bobby. Deux d'entre eux, Pascale et Bobby, vivent dans des familles exogames où l'utilisation des deux langues, le français et l'anglais, est courante, mais où le français demeure relativement important. Dans le cas de Stéphanie et Jérôme, la langue d'usage à la maison est exclusivement le français. D'après Mélodie, le français occupe une place importante dans la vie de ses amis et amies. Lors de l'entrevue de groupe, ces derniers ont affirmé qu'on se doit de conserver la langue française et que l'école joue un rôle essentiel pour en assurer la sauvegarde. Comme l'explique Pascale:

> … c'est primordial, il faut aller dans une école dans ta langue
> parce que sinon, tu comprendrais rien… Je suis consciente qu'il
> y a des gens qui parlent anglais à la maison et qui viennent dans
> une école francophone, je trouve que c'est important parce
> qu'au Canada on est minoritaire, puis c'est bon d'encourager ça,
> parce on est quand même une des deux langues officielles du
> Canada. Ça fait qu'il faut continuer à parler le français, ben

pour qu'on continue d'être une langue officielle, pas juste l'oublier, elle est importante. (Ent. am. 5, AM, 1A, p. 5)

Mélodie insiste elle aussi sur l'importance des écoles de langue française, en précisant que «la seule façon de les faire vivre, c'est en allant à des écoles françaises».

Dans leurs activités quotidiennes, à l'école comme à l'extérieur de l'école, il arrive que les échanges entre amies et amis se fassent cependant en anglais. Comme l'expliquent ces jeunes, le choix de la langue va dépendre en grande partie des circonstances, c'est-à-dire de la situation dans laquelle ces derniers se trouvent. Si l'activité à laquelle ils et elles participent se déroule en anglais, un film par exemple, il y a de fortes chances que la conversation se tienne en anglais à la sortie du film. On remarque par ailleurs que ceux et celles qui vivent plutôt dans un milieu anglophone ont davantage tendance à parler en anglais avec leurs amies et amis. Mélodie précise qu'elle leur répond néanmoins souvent en français. À l'école, leur participation assidue à diverses activités musicales qui se déroulent en français favorise les échanges dans cette langue. Ces adolescentes et adolescents participent également à de nombreux concerts et font aussi des voyages de groupe à l'étranger, pour aller à des camps de musique, par exemple.

En dehors de l'école, c'est cependant plus difficile d'échanger exclusivement en français. Les principales activités auxquelles participe le groupe sont communes à celles de la plupart des adolescents et des adolescentes. Ce sont le cinéma, les promenades en ville, le magasinage, la danse et parfois le restaurant. Avec son copain Bobby, qu'elle fréquente maintenant depuis plus de dix-huit mois, les échanges se font dans les deux langues. Selon Mélodie, ces échanges se font de plus en plus en français, si elle compare la situation à celle du début.

La jeune fille fait remarquer qu'elle voit une différence entre les élèves de Demers et ceux de l'école Vigneault. Leur attitude par rapport à la langue et à la culture françaises est différente. À l'école Demers, on prend plus à cœur cette dimension. On y parle plus souvent en français qu'à l'école Vigneault. C'est d'ailleurs surtout avec les élèves inscrits dans les concentrations artistiques qu'elle note la différence, pas nécessairement chez ceux et celles du programme régulier cependant. Elle s'explique de la façon suivante:

> ...ça a une place, comme pour eux, comme dans leur vie, parce que s'ils sont là à cette école-ci, c'est pour une raison puis, comme surtout, c'est bien de parler français, puisqu'ils sont dans une école française. (Ent. 3 él. 5, DGL, 1A, p. 8-9)

D'après les propos tenus par Mélodie et ses amies et amis, l'utilisation de la langue s'avère circonstancielle. Certains des participants et des participantes à l'entrevue ont aussi déclaré ne pas toujours se rendre compte de la langue dans laquelle une conversation se tient.

Au moment où nous avons rencontré le groupe d'amies et amis de Mélodie, nous nous sommes entretenus également de leurs projets d'avenir. Même si ces projets n'étaient pas encore tout à fait arrêtés, la plupart des jeunes interrogés ont dit vouloir poursuivre leurs études universitaires en français. Il n'y a que Bobby qui a précisé qu'il voulait aller étudier en anglais et Mélodie qui n'avait pas encore pris une décision à ce propos.

Les activités de Mélodie

Comme nous pouvons le constater à la lecture des sections précédentes, les activités de Mélodie ont toujours gravité autour de deux domaines particuliers: celui des sports et celui de la musique. En ce qui concerne les activités sportives, celles-ci se sont tenues pour la majorité d'entre elles avant que Mélodie ne s'inscrive à l'école Demers. Toute petite, la jeune fille a fait de la nage synchronisée, du ballet, de la gymnastique et de la danse. Elle a obtenu son brevet de sauveteur en natation et elle a aussi fait du plongeon. Les équipes auxquelles elle appartenait étaient parfois francophones, mais aussi parfois bilingues. Mélodie a pratiqué le soccer, le ballon-volant et le ballon-panier, surtout dans le cadre des activités parascolaires. À l'école Demers, elle continue de jouer au ballon-volant. Toute petite, elle faisait du violon et du piano. Depuis quelques années, elle joue de la clarinette. Lorsque Mélodie fréquentait l'école Vigneault, elle était membre de l'harmonie, tout en participant à l'orchestre de l'école Demers et à la philharmonie des jeunes de la ville où elle réside. Depuis qu'elle fréquente l'école Demers, la jeune fille poursuit toujours ces activités, en plus de faire partie de la chorale de l'école.

Mélodie a aussi beaucoup voyagé, surtout quand elle était enfant. D'abord avec ses parents, en raison du travail de son père. Elle a également participé à plusieurs camps de musique, tant au Québec, qu'à l'étranger. Ces camps se sont généralement déroulés en français. En plus de faire partie de la concentration de musique à l'école, Mélodie prend aussi des cours privés de clarinette. Lorsqu'elle est interrogée sur la place qu'occupe la musique dans sa vie, Mélodie répond dans les termes suivants:

> Une grosse place, je pense que je dédie beaucoup de temps à ça.
> Je suis toujours occupée à cause de ça. J'ai pas, comme, de temps
> libre. Puis, ben, je veux m'en aller dans ça plus tard à
> l'université, ben, il faut que je pratique beaucoup.
> (Ent. 5 él. 5, DGL, 1A, p. 6)

Comme en témoigne cet extrait d'entrevue, Mélodie désire poursuivre une carrière en musique. Son choix n'est pas encore arrêté sur l'université où elle poursuivra ses études. Elle choisira entre l'Université d'Ottawa et l'Université McGill, à Montréal. Elle désire faire une carrière en musique, tout en donnant des leçons privées. Elle enseigne d'ailleurs déjà à deux élèves, à qui elle donne des leçons régulières.

Le point de vue de Mélodie sur la langue et la culture françaises et son rapport à l'identité

Lorsque Mélodie a répondu au sondage sur les habitudes linguistiques, en 1997, elle se considérait trilingue, avec le français comme langue dominante, suivi de l'anglais, puis de l'espagnol. Cette perception est demeurée la même au cours des années qui ont suivi. Les informations tirées des diverses entrevues effectuées avec Mélodie ont montré l'importance que la jeune fille accorde à la langue et à la culture françaises, même si l'anglais s'avère souvent la langue d'échange privilégiée avec ses amies et amis. Mélodie insiste en effet que de s'exprimer en français est un droit qui revient aux francophones, et qu'il faut conserver ce droit.

Le milieu familial de Mélodie a eu une influence importante sur la façon dont la jeune fille perçoit son rapport à l'identité. Elle a en effet grandi dans un environnement familial où l'on a toujours favorisé la langue et la culture françaises et reconnu les luttes qui s'y attachent, en y participant dans bien des cas. Ses parents, particulièrement son père, étant eux-mêmes de fervents militants, se sont trouvés à «prêcher par l'exemple». Le discours de Mélodie démontre sans aucun doute que la jeune fille est sensible à la question des minorités, en particulier dans le cas des francophones.

Cette sensibilisation n'écarte cependant pas l'usage de l'anglais dans ses rapports quotidiens avec son entourage. À l'extérieur de son milieu familial, Mélodie est souvent exposée à l'anglais et elle se retrouve continuellement à la frontière des deux langues, comme c'est le cas d'ailleurs pour tout francophone qui vit dans un contexte minoritaire. Pour Mélodie, la langue représente aussi un outil de communication indispensable. La connaissance de plusieurs langues permet en effet l'accès à un univers plus vaste. C'est une fenêtre sur le monde. La jeune fille reconnaît donc également une valeur utilitaire aux langues, comme elle l'explique lors d'une entrevue:

> ...c'est une autre façon de communiquer, c'est avantageux d'être capable de communiquer avec les autres. Je trouve que la personne qui parle français, elle a plus de qualités que la

personne qui parle juste anglais. (Ent. 4 él. 5, DGL, 1A, p. 2)

Mélodie s'est rendu compte jeune de la valeur utilitaire associée aux langues. Lors de ses nombreux voyages à l'étranger avec ses parents et lors de ses séjours dans divers camps de musique, elle a été à même de réaliser l'importance de pouvoir converser dans plus d'une langue. Le discours de Mélodie se situe ainsi à deux niveaux. Le premier, qu'on peut qualifier de «politique» ou de social, porte sur l'importance à accorder aux droits des francophones. Le deuxième niveau, qu'on pourrait taxer cette fois-ci d'«utilitaire», donne une valeur marchande importante à la langue à cause du capital linguistique et culturel qu'elle représente.

Conclusion

D'après les données recueillies, Mélodie vit en grande partie dans un environnement francophone à l'école, tout comme à la maison. Mais à l'extérieur de ces deux milieux, Mélodie communique parfois avec ses amis et amies en anglais et certaines des activités auxquelles elle participe se font aussi en anglais. L'importance accordée à la langue et à la culture françaises dans son milieu familial semble avoir favorisé, chez Mélodie, une prise de conscience des enjeux associés à la francophonie minoritaire et des luttes à mener pour la conservation des droits acquis par les francophones.

Ce discours va d'ailleurs dans le même sens que celui tenu par son père. Ce dernier a consacré une grande partie de sa vie à militer pour les droits des francophones et la façon dont Mélodie conçoit le monde s'en trouve influencée. Sa conviction de l'importance à accorder à la francophonie et des moyens à prendre pour la conserver intacte indique que la jeune fille a été sensibilisée à la question. Mélodie insiste, en effet, sur l'importance d'être francophone «au quotidien». Son discours démontre une bonne compréhension des enjeux propres aux francophones dans un contexte social souvent peu sensible à l'épanouissement de cette minorité linguistique. Elle reconnaît également l'importance du bilinguisme, et même du multilinguisme dans le contexte de la mondialisation, phéno-mène influençant de plus en plus les rapports sociaux existants.

Dans le cas de Mélodie, le fait de se considérer trilingue ne semble pas affecter son positionnement par rapport à l'importance de la langue et de la culture françaises et de son rapport à la francophonie. Par exemple, elle ne semble pas délaisser le français pour la langue de la majorité, c'est-à-dire l'anglais. Les frontières linguistiques qui structurent ses activités quotidiennes ne sont pas rigides. Cette flexibilité favorise ainsi un usage circonstanciel de la langue que celle-ci soit le français, l'anglais ou, plus rarement, l'espagnol.

Au début de l'étude, Mathieu, âgé de 16 ans, est en 11ᵉ année à l'école Vigneault, qu'il fréquente depuis le début de ses études secondaires en 9ᵉ année. Il est né et a vécu dans la région d'Ottawa toute sa vie. Son milieu familial se compose de sa mère, de son père, d'un frère de deux ans son cadet et d'une jeune sœur de 13 ans.

La famille de Mathieu

Les parents de Mathieu, Marc et Sylvie, sont tous les deux originaires de la région d'Ottawa et proviennent de familles canadiennes-françaises, comme ils le mentionnent tous deux dans leur entrevue. Dans la famille du père de Mathieu, qui a grandi dans l'est d'Ottawa, le français a toujours été à l'honneur, aussi bien dans les échanges verbaux que dans les activités. On insistait beaucoup sur l'importance de vivre en français. Dans sa famille, toutes ses sœurs sont devenues enseignantes. La mère de Marc a toujours fait la promotion du français. D'ailleurs, aux dires du père de Mathieu, sa mère a eu une influence déterminante sur la façon dont Mathieu se perçoit face à la langue et à la culture françaises. Marc a fait la grande majorité de ses études en français. Il est le vice-président du secteur des finances, d'une compagnie canadienne de la région d'Ottawa où la langue d'usage s'avère être principalement l'anglais. Il y travaille depuis plus de 15 ans.

En ce qui a trait à son appartenance de groupe, le père de Mathieu a indiqué que celle-ci varie selon la situation dans laquelle il se trouve. Il s'affiche, en effet, soit comme franco-ontarien, soit comme bilingue. Souvent, les anglophones pensent qu'il est québécois. C'est dans ces moments-là qu'il se définit comme franco-ontarien. Le reste du temps, il se définit comme étant bilingue, puisqu'il s'exprime sans difficulté dans les deux langues, bien qu'il ajoute à la fin de son explication qu'il est «français».

La mère de Mathieu, Sylvie, est aussi originaire d'Ottawa. Elle a mentionné lors de notre rencontre être née à l'hôpital Montfort d'Ottawa, «dans un hôpital français». Elle a fait ses études en français dans le domaine de l'hygiène dentaire, dans un collège de la région qui, à l'époque, était bilingue. Cependant, Sylvie travaille principalement en anglais. Elle est à présent consultante dans la vente de produits dentaires. Elle se considère canadienne-française et bilingue. Elle a un frère et une sœur. Dans les rencontres familiales, l'anglais est davantage utilisé dans la famille de Sylvie qu'il ne l'est dans la famille de Marc. Comme la mère de Mathieu le mentionne lors de notre entretien:

> Moi [dans] ma famille, on parlait en français à la maison, mais
> mon père travaillait aussi en anglais, donc ça arrivait qu'à la
> maison il y avait de l'anglais entre mes parents, mais à nous,
> c'était toujours en français et aussi… comme j'ai certains oncles
> qui ont marié des femmes anglaises, donc… dans nos
> rencontres, on entend beaucoup plus d'anglais que dans la
> famille de mon mari. (Ent. par. 2-4, DGL, 1A, p. 7)

Le père de Mathieu a cependant insisté sur l'importance de la langue française pour les membres de sa famille. Ils tiennent à la garder parce que celle-ci fait partie de leur héritage. La langue d'usage au sein du noyau familial est donc le français. Dans ce contexte, il a été tout à fait naturel pour les parents de Mathieu d'envoyer leurs enfants à l'école de langue française. Cependant, ils se disent très à l'aise dans un monde qu'ils qualifient de bilingue. En effet, bien qu'ils insistent sur l'importance de la langue française, ils se disent conscients qu'il est également essentiel de connaître l'anglais dans leur milieu, étant donné que cette langue est omniprésente, que ce soit dans le domaine du travail ou des activités de loisir. Sylvie s'exprime sur la question de la façon suivante:

> … au départ, en français c'est très important pour nous. Mais
> c'est aussi important de savoir l'anglais, parce que le travail dans
> notre région est en anglais… Mais on veut pas perdre notre
> langue, c'est pourquoi on envoie nos enfants étudier en français,
> et puis on sait, que parce qu'ils sont entourés de gens anglais, ils
> vont l'avoir l'anglais. (Ent. par. 2-4, DGL, 1A, p. 8)

Selon Marc et Sylvie, l'importance accordée au français dans leur famille se reflète dans la façon dont leurs enfants ont établi leur rapport à la langue. Selon eux, le français est important pour tous leurs enfants, mais davantage pour Mathieu. Sylvie explique:

> Je pense que pour lui, c'est très important, je pense que…
> comme il s'exprime avec nous qu'il veut garder son français.
> Quand ils ont voulu fermer l'hôpital Montfort, Mathieu était
> prêt à aller faire des protestations pour garder la langue française
> dans les hôpitaux. Je pense que c'est très important pour lui.
> Mais il voit aussi que l'anglais, il faut qu'il l'apprenne bien, qu'il
> se sente confortable… (Ent. par. 2-4, DGL, 1A, p. 10)

Lors de l'entretien, la question de la culture française a été abordée. Mais ce concept s'est avéré plus difficile à définir que celui de la langue. Après y avoir réfléchi, Marc a expliqué que la culture française est également très présente dans sa vie et elle demeure essentielle pour lui et pour ses enfants. Il en parle en ces termes:

> La culture, ben moi quand je pense à la culture, je pense un peu… un peu comme ton héritage, ta culture. On est une culture française, on vit dans un monde français. Nos habitudes sont en français… C'est comme pour grand-maman, c'est ben important pour elle sa culture française… Si tu fais des activités, comme si tu vas au théâtre… vas-tu au Centre des Arts pour regarder une pièce en français ou une pièce en anglais? Ceux [pour qui] la culture française est très importante… ben ils diraient ben moi je vais voir en français, parce que je veux développer ma culture française. C'est difficile, c'est difficile à définir…
> (Ent. par. 2-4, DGL, 1A, p. 22-23)

Sylvie ajoute, que pour elle, la culture représente ses origines, comme la cuisine, par exemple, ou encore la façon de s'habiller, la musique qu'on écoute.

Le frère de Mathieu, Philippe, a 14 ans. Il est en 9e année et fréquente la même école que Mathieu. Il pratique plusieurs sports dont, entre autres, le ballon-panier, le soccer, le golf et la planche à neige. Certaines de ces activités se tiennent à l'extérieur de l'école où la langue d'usage est souvent l'anglais, parce que la majorité des personnes qui y participent sont anglophones. Il se considère bilingue, car il communique dans les deux langues. Pour lui, le bilinguisme est important à cause du milieu dans lequel il vit et où les activités se passent parfois dans une langue et parfois dans une autre. En ce qui a trait à la langue française, il souligne le côté utilitaire de celle-ci:

> Je trouve que c'est [le français] assez important pour moi… à cause que ça va m'aider toute ma vie. C'est pas quelque chose que tout le monde a. Je me sens un petit peu spécial, à cause… mes parents sont francophones, ça m'est venu comme ça.
> (Ent. fr. 2-4, MB, 1A, p. 4)

Il semble, cependant, que de parler français va au-delà de son aspect utilitaire. Comme il le mentionne, c'est quelque chose qui a été transmis par la famille et dont il se sert de façon quotidienne non seulement à l'école, mais à la maison dans les échanges familiaux et dans certaines de ses activités sportives. D'être en mesure de s'exprimer en français et en anglais constitue donc un avantage pour Philippe.

La sœur de Mathieu, Sophie, a 13 ans au moment de l'étude. Elle est en 7e année et fréquente une école élémentaire de langue française de la région. Elle parle l'anglais et le français. Elle ajoute qu'à la maison elle communique toujours en français avec les membres de sa famille et qu'elle parle avec ses amis et amies dans les deux langues. Elle participe à des activités sportives à l'extérieur de l'école. Ces activités se poursuivent en anglais. Elle dit se considérer bilingue, si cela signifie parler un peu en anglais, comme elle le fait parfois avec ses amis et amies. À ce sujet, Mathieu fera remarquer, lors de la rencontre à Toronto — donc deux ans après l'entretien effectué avec Sophie — que sa sœur parle beaucoup en anglais maintenant, surtout avec ses amies. Néanmoins, Sophie nous a dit se considérer française. Pour elle, le français représente la langue dans laquelle elle étudie et dans laquelle elle se sent à l'aise. Comme dans le cas de ses deux frères, elle mentionne le rôle important que joue sa famille comme agent de reproduction linguistique et culturelle, en précisant que le français est la langue dans laquelle ses parents l'ont élevée.

La vie scolaire de Mathieu

Mathieu, qui suit ses cours au niveau avancé, c'est-à-dire au niveau exigé pour poursuivre des études universitaires, obtient de bons résultats à l'école, malgré les diverses activités qu'il mène en parallèle. Par exemple, depuis qu'il va à l'école, Mathieu s'est toujours beaucoup impliqué dans les activités parascolaires à caractère sportif. Déjà à l'école élémentaire, il faisait de l'athlétisme, du soccer, du ballon-volant, etc., et ces activités se déroulaient en français. Il a continué à faire du sport au niveau secondaire, mais à une plus petite échelle. Le travail scolaire est plus exigeant et ne lui permet plus de s'y adonner autant qu'auparavant, lorsqu'il était à l'école élémentaire. Il participe également à d'autres activités comme, par exemple, la ligue d'improvisation. Cette activité a pour but de favoriser l'usage du français et de montrer aux jeunes des écoles secondaires de langue française qu'il est possible de s'amuser en français. Des tournois sont organisés entre diverses écoles en Ontario et mettent ainsi en contact des jeunes francophones d'un peu partout. Mathieu participe aussi à des camps de leadership, le dernier ayant porté sur le pluralisme ethnoculturel à l'école. À la fin de ces camps, ceux et celles qui y ont participé reviennent à l'école et font bénéficier les autres élèves de ce qu'ils et elles y ont appris. Les élèves qui sont invités à participer aux camps de leadership sont, de façon générale, des jeunes qui ont un rendement scolaire supérieur à la moyenne.

Dans une entrevue qui a porté spécifiquement sur l'école, Mathieu a avoué ne pas avoir autant de plaisir à l'école secondaire, qu'il en avait lorsqu'il fréquentait le palier élémentaire:

> ...c'est l'école, tu arrives... c'est du travail, comme tu fais attention à l'école, comme tu essaies de bien réussir, puis, je ne sais pas... c'est pas aussi le fun parce que tu travailles plus fort, c'est normal. (Ent. 2. él. 4, DGL, 1A, p. 11)

Les observations effectuées pendant les trois années de fonctionnement de l'étude ont montré le sérieux avec lequel Mathieu prend ses responsabilités d'élève. De façon générale, il démontre une attitude positive en salle de classe et accomplit les tâches qui lui sont demandées. Il semble également bien s'entendre avec les autres jeunes qui se trouvent dans ses cours. Il a également un bon rapport avec les enseignantes et les enseignants. Lors des observations, nous avons noté que lorsqu'il ne comprend pas quelque chose, il n'a pas peur de demander des explications à l'enseignante ou à l'enseignant. Lors de tests, rien dans l'attitude de Mathieu ne démontre qu'il est nerveux ou qu'il n'est pas capable de répondre aux questions demandées. Pendant la dernière année de l'étude, Mathieu prenait les cours nécessaires à son entrée à l'université. Par exemple, l'un de ces cours était un mélange d'économie politique et d'histoire, un séminaire de discussions, qui regroupait un très petit nombre d'élèves, cinq au total. C'est le seul cours de ce type que j'ai eu l'occasion d'observer. Les élèves devaient arriver au cours préparés, afin de permettre des discussions informées. L'enseignant qui offre ce cours m'a dit que celui-ci était réservé aux élèves qui ont des notes supérieures à la moyenne et qui sont intéressés par le sujet.

En ce qui concerne la langue d'usage, c'est le français que Mathieu privilégie dans ses rapports interpersonnels à l'école, dans la très grande majorité des cas. Lorsqu'il passe à l'anglais, c'est avec quelques élèves, qui, pour leur part, ont choisi de parler anglais, même s'ils ou elles se trouvent dans une école de langue française. D'ailleurs, lorsqu'il parle des élèves qui préfèrent l'anglais au français, il explique cette préférence en relation avec leur milieu familial. Selon lui, les anglo-dominants vivent avec des parents qui sont anglophones et qui utilisent l'anglais à la maison. Il est à noter que les échanges en anglais avec les autres élèves se sont faits plutôt rares au moment où nous avons observé Mathieu. Il arrive même que certains élèves demandent à Mathieu de leur parler en français, afin de ne «pas perdre leur langue», comme le montre l'exemple suivant lorsque Mathieu parle d'une de ses compagnes de classe:

> Ses parents sont anglophones, puis c'est toujours, elle me dit au commencement de la classe, elle me dit «je parle toujours en anglais». Elle me dit «je veux changer ça, je veux pas perdre ma langue». Elle me dit «parle-moi en français»... Là, je la

corrigeais et en français s'il vous plaît.
(Ent. 1, él. 4, DGL, 1A, p. 9)

De leur côté, les enseignantes et les enseignants interrogés, qui connaissent Mathieu pour l'avoir eu dans leur cours, s'entendent pour dire que c'est un bon élève qui prend la langue et la culture françaises à cœur. Ils et elles l'ont comparé aux autres élèves qui participent à l'étude. Mathieu serait l'un des plus francophones d'après leurs propos. Ce dernier s'afficherait ouvertement comme francophone par son attitude face à la langue française, dont il ferait un usage continuel en milieu scolaire.

En ce qui concerne les études postsecondaires, Mathieu a précisé, à plusieurs reprises à travers les nombreux entretiens menés, qu'il ferait des études universitaires en français, dans le domaine de l'administration.

Les amies et amis de Mathieu

Les amies et amis de Mathieu semblent être, pour la plupart, des francophones bilingues. Il les divise en deux groupes, en précisant ce qui suit:

> À l'école, j'ai deux groupes, un groupe qui vit proche de chez moi, puis un groupe qui vit loin de chez moi, parce que je vis à la campagne. Les deux groupes sont en français, c'est un mix de gars et de filles... (Ent. 3. él. 4, DGL, 1A, p. 8)

Je lui ai alors demandé de préciser ce qu'il entend par «les deux groupes sont en français». Il m'a répondu ce qui suit:

> C'est des fran... c'est des bilingues francophones. Ils parlent anglais, ils parlent français. Tu sais, on a toutes sortes de races et toutes sortes de monde. J'ai un ami des Philippines, puis, t'sais, à la maison, il parle rien qu'en anglais, puis il y a d'autres familles où est-ce qu'ils parlent juste français, puis c'est des mélanges...
> (Ent. 3. él. 4, DGL, 1A, p. 8)

Dans ce groupe, on retrouve des filles et des garçons, dont plusieurs sont de son école et d'autres sont d'ailleurs. Martin explique qu'il a gardé ses amis et amies du temps de l'école élémentaire et que ces derniers ne vont pas tous à l'école Vigneault. Martin ajoute cependant qu'il possède quelques amis et amies anglophones, avec lesquels il communique uniquement en anglais.

En ce qui concerne les activités qu'il fait avec son groupe d'amis et d'amies, Mathieu mentionne faire du ski, aller danser, aller manger dans des restaurants et aller au cinéma. Les films sont généralement en anglais et la musique qu'ils et elles écoutent est aussi anglaise. Mathieu ajoute cependant que la langue utilisée avec son groupe d'amis et amies est, pour la plupart du temps, le français, bien qu'il arrive que l'anglais s'y mêle.

Parmi ses amies, certaines accordent beaucoup d'importance au français. C'est le cas de Nicki et d'Amélie pour qui la langue et la culture françaises sont très importantes. Les deux jeunes filles vont à l'école Vigneault et elles prennent les mêmes cours que Mathieu. Les trois adolescents se connaissent depuis leur arrivée à l'école en 9e année. Dans une entrevue de groupe, ces dernières ont indiqué que la langue et la culture françaises sont très importantes pour elles, de même que les droits qui s'y rattachent. Elles tiennent à être servies en français, à étudier à l'école française et à garder la langue et la culture françaises parce qu'elles sont conscientes que les francophones sont en situation minoritaire en Ontario. Interrogée à propos de la culture française, Amélie s'est exprimée en ces termes :

> …c'est triste parce que toute notre culture elle vient du bord du Québec, puis quand on regarde la culture française ontarienne, tout ce que je vois… si on regarde la télé, des 96 postes qu'on peut avoir, il y en a un en français, qui touche les nouvelles de l'Ontario. C'est ça la culture française qu'est-ce que ça veut dire pour moi, ça veut dire que c'est une cause à défendre, c'est quelque chose qui ne vient pas à nous. Quand on regarde la télé, c'est américain, puis c'est quelque chose qu'il faut aller chercher. (Ent. am. 2-4, DGL, 1A, p. 4)

Amélie raconte aussi que ses activités, qui sont nombreuses, se passent, pour la très grande majorité d'entre elles, en français. Ses activités à l'école comprennent l'improvisation, la radio étudiante, le comité d'accueil, le conseil étudiant. Elle est également active à l'extérieur de l'école. Elle travaille pour l'organisation Entraide, le mouvement scout et le Festival franco-ontarien. Toutes ces activités se font à titre de bénévole. Sa conviction en ce qui a trait aux droits des francophones s'est aussi manifestée en milieu de travail. En effet, Amélie, qui travaille à temps partiel dans un restaurant franchisé, a demandé de recevoir son chèque de paye en français, plutôt qu'en anglais, car selon elle, c'est son droit de recevoir des services en français, puisqu'en tant qu'employée, elle est en mesure de parler en français à la clientèle qu'elle sert.

De son côté, Nicki croit aussi à l'importance de la langue et de la culture françaises même si elle avoue ne pas être aussi impliquée qu'Amélie dans la défense du fait français en Ontario. Elle voit néanmoins l'importance de garder la langue et la culture françaises vivantes :

…j'aime beaucoup le français, comme Amélie elle disait comme, la musique française, tout ça, je trouve ça important quand même de garder ma langue parce qu'on est en minorité en Ontario. (Ent. am. 2-4, DGL, 1A, p. 4)

Mathieu explique qu'il aime être ami avec Amélie et Nicki parce que, comme lui, elles tiennent à la langue et à la culture françaises. Il ajoute que les trois ne font pas toujours des activités en commun. Par exemple, avec Nicki c'est surtout dans des activités liées à leur participation dans le domaine religieux, alors qu'avec Amélie, les activités se situent au niveau du Festival franco-ontarien où ils agissent à titre de bénévoles et dans la pratique de certains sports, comme l'escalade, par exemple. Les trois adolescents ajoutent que c'est surtout pendant l'année scolaire qu'ils se fréquentent. Pendant l'été, ils ne se voient pas souvent, à cause de leurs activités respectives qui les éloignent parfois d'Ottawa, comme d'aller au chalet familial, par exemple. En ce qui concerne leur avenir, Nicki et Amélie, tout comme Mathieu, veulent poursuivre des études universitaires en français.

Les activités de Mathieu

Mathieu indique, dans l'une de ses entrevues, que le baseball a été la première activité sportive structurée à laquelle il a participé lorsqu'il était petit. L'équipe dont il faisait partie était bilingue. Il a aussi fait partie du mouvement scout, à cette même époque, et les activités se tenaient entièrement en français. Lorsqu'il a commencé à aller à l'école, le sport a pris une place importante dans sa vie, tant à l'école — où le français était la langue d'usage — comme ailleurs, où les activités se passaient soit en français, soit en anglais, ou quelquefois dans les deux langues. Ses parents n'ont, en effet, jamais exigé que Mathieu fasse des activités uniquement en français. Pour eux, ce qui était important et qui continue de l'être, c'est que leurs enfants puissent bénéficier de personnes qualifiées lorsqu'ils entreprennent une activité structurée, comme l'explique le père de Mathieu :

…quand tu entres dans les domaines qui sont plutôt sur le côté loisirs je pense que c'est plutôt le loisir qui devient important. Le fait que ça se pratique en anglais en certaines circonstances et en français dans d'autres circonstances, c'est moins important. C'est plutôt si le loisir ou le sport est bien développé, bien organisé, ça c'est important. Le fait que peut-être que ceux qui s'en occupent soient anglophones ou, de temps en temps, soient plutôt francophones… mais ça, c'est le hasard qui détermine ça d'année en année… (Ent. par. assoc. 4, MK, 1A, p. 9-10)

Arrivé au niveau secondaire, Mathieu a dû cependant limiter ses activités. Il a, en effet, précisé qu'il lui était difficile de continuer à pratiquer ses activités sportives étant donné un travail scolaire plus exigeant pendant son cours secondaire, particulièrement vers la fin de celui-ci. Il continue cependant à jouer au ballon-panier dans une ligue municipale. Ses activités parascolaires se sont toujours déroulées en français, alors que celles menées à l'extérieur de l'école se font principalement en anglais. Cependant, lorsque des francophones participent à ces activités, comme c'était le cas dans son équipe de ballon-panier, les joueurs utilisent le français entre eux. Mathieu participe de façon active, depuis déjà quelques années, à la ligue d'improvisation de l'école .

À la fin de la première année de l'étude, Mathieu est devenu membre d'un groupe religieux de dénomination chrétienne. Les membres fréquentent régulièrement un endroit appelé le Centre d'éveil où des activités spécifiques sont organisées. Mathieu a découvert ce groupe lors d'un voyage aux États-Unis. À Ottawa, les activités du groupe se déroulent en français. Mathieu a invité son amie Nicki à s'y joindre. Ils participent donc activement aux activités. Ils assistent à un service religieux le dimanche. Il y a aussi des rencontres de discussion portant sur la bible le mardi soir et des sorties récréatives sont organisées pour les jeunes le vendredi soir. Faisant référence au sermon dominical, il explique:

> ...il [le pasteur] touche certains sujets comme... on va dire, il parle, il va y avoir un sermon où il va parler juste de la prière, comment importante est la prière, puis là, il va dans la bible et sort des versets pour montrer comment certains disciples priaient... (Ent. 5. él. 4, DGL, 1A, p. 22)

Mathieu parle de ce mouvement religieux en des termes élogieux. Il reconnaît que la religion occupe une part importante de sa vie. Il avoue cependant se sentir parfois mal à l'aise d'en parler avec ses amis, par exemple, qui ne comprennent pas très bien ce nouvel intérêt dans la vie de Mathieu. En ce qui concerne ses parents, ces derniers ne semblent pas y voir d'inconvénient. Sa mère a assisté à l'un des services religieux au début, afin de voir le type d'activités promues par ce groupe chrétien. Depuis que Mathieu fréquente le Centre d'éveil, il arrive que son frère et sa sœur l'y accompagnent.

En ce qui concerne ses autres activités, Mathieu travaille à temps partiel. Pendant une partie de l'été 1998, il a fait de la sollicitation au téléphone pour une compagnie qui fait le nettoyage des tapis. Il n'a pas aimé son expérience, ayant trouvé ce travail plutôt exigeant. Un ami l'a alors invité à se joindre à une compagnie qui faisait de la vente par catalogue et qui, depuis septembre 1999, fait du commerce électronique. Cette compagnie est établie partout dans le monde et offre à la clientèle la possibilité d'acheter divers produits par le biais du commerce électronique. Cet emploi exige les deux langues, dépendant du client à qui il s'adresse. Il précise que l'information écrite est disponible dans les deux langues officielles. Ce travail requiert sa présence à divers rencontres et séminaires, aussi éloignés qu'aux États-Unis, auxquels Mathieu participe parfois. Il explique également qu'il est le plus jeune représentant de la compagnie, mais qu'il se sent quand même ami avec ses collègues, même si ces derniers sont plus vieux que lui. Pendant l'été 1999, Mathieu a également eu un emploi dans un collège communautaire francophone de la région d'Ottawa. Il a travaillé dans le domaine du marketing. Il insiste sur le fait qu'il a travaillé uniquement en français, dans une atmosphère entièrement francophone et que, pour cette raison, il a beaucoup aimé cette expérience. Il a continué, cependant, à s'occuper, en même temps, de son commerce électronique.

Dernièrement, en plus de son commerce électronique, Mathieu a mis sur pied, avec l'aide d'un ami à l'école, une petite entreprise sans but lucratif qui se spécialise dans le domaine de l'éducation. Le projet consiste à venir en aide à certains pays sous-développés, comme l'Afrique, en leur fournissant du matériel scolaire de toutes sortes. Au moment où s'est terminée l'étude, Mathieu et son ami zaïrois n'en étaient encore qu'au tout début dans la mise sur pied de leur entreprise.

Le point de vue de Mathieu sur la langue et la culture françaises et son rapport à l'identité

Dans le sondage administré à l'automne 1997, ainsi que dans quelques entrevues portant sur le sens d'appartenance, Mathieu a dit se considérer francophone. Pour lui, cela signifie que le français est sa langue maternelle, celle dans laquelle il vit et étudie. L'anglais demeure une langue seconde. En effet, il n'a commencé à maîtriser cette dernière qu'à partir de la 6e année. Mathieu fait remarquer d'ailleurs que lorsqu'il téléphone ou se rend dans un magasin, il demande toujours si les gens parlent français. Il dit également que s'il a le choix de la langue, il opte pour le français.

L'un de ses enseignants affirme que Mathieu a une conscience aiguisée du français et que si les élèves lui parlent en anglais dans la classe, ce dernier leur demande de lui parler en français. Ce qui ne l'empêche pas, par ailleurs, d'utiliser parfois l'anglais à l'extérieur de l'école, si c'est la langue d'usage de la personne avec qui il converse. Mais pour Mathieu, il est essentiel de se servir du français à l'école et dans son milieu familial, car sinon, il croit que la langue risque de se perdre. Il mentionne d'ailleurs dans une des entrevues avoir le français «à cœur»:

> Ben, je veux dire comme, t'sais avant mes parents ils disaient:
> «Oh, fais pas ça, sinon tu vas perdre ta langue», ou t'sais là «tu
> seras plus capable de la parler», pus c'était comme, O.K. là. Je
> l'ignorais là, mais là, c'est comme… c'est vrai…
> (Ent. 4. él. 4, DGL, 1A, p. 2)

Mathieu voit la langue comme étant étroitement liée à la culture, la première étant, selon son expression «le véhicule» de la seconde. Pour lui, la culture «c'est quelque chose que les gens ont en commun» et la langue serait le premier signe qui distinguerait un groupe d'un autre. La culture, c'est aussi la musique que l'on écoute et la nourriture que l'on mange. C'est également certaines traditions familiales comme, par exemple, le repas en famille du dimanche soir chez Mathieu, où les parents et les trois enfants en profitent pour discuter de mille et une choses, puis pour faire une activité familiale quelconque ensemble, comme regarder un film.

En ce qui concerne l'avenir, Mathieu entend bien continuer à vivre en français. Il précise en effet qu'il sera important pour lui de vivre avec une femme francophone, ou du moins, qui maîtrise bien la langue française. Lorsque ce sujet a été abordé, il a semblé surpris d'une telle question. Pour lui, il n'a jamais envisagé d'avoir une petite amie ou une femme qui serait autre que francophone. Si Mathieu a des enfants, ces derniers iront sans aucun doute à l'école de langue française.

Conclusion

Mathieu a grandi dans un environnement familial fortement influencé par la langue et la culture françaises, et ce, que l'on parle de sa famille immédiate, aussi bien que de sa famille élargie. Dans le cas de la première, les parents et les enfants vivent leur quotidien en francophones, c'est-à-dire que les échanges se font en français et qu'il existe un équilibre, en ce qui a trait à la langue d'usage, dans les activités qui sont pratiquées au sein du noyau familial. En effet, même si certaines activités se déroulent en anglais comme, par exemple, lorsque la famille regarde un film, d'autres se font en français, comme les sports d'hiver qui se pratiquent du côté du Québec.

En ce qui concerne la famille élargie, la grand-mère paternelle de Mathieu a joué un rôle déterminant dans sa vie en ce qui concerne son rapport à la langue et à la culture. L'influence de cette dernière a été mentionnée à quelques reprises par le père de Mathieu et par Mathieu lui-même. Le niveau de conscientisation de Mathieu est assez élevé en ce qui concerne l'importance de la langue et de la culture françaises dans son discours. Il démontre, en effet, une véritable préoccupation pour le maintien de la langue et de la culture minoritaires.

Je qualifierais ce rapport à l'identité de linéaire, en ce que, contrairement à un grand nombre d'adolescentes et d'adolescents francophones qui vivent en milieu minoritaire, Mathieu ne se considère pas véritablement comme quelqu'un qui vit à la frontière de deux langues où il passerait facilement de l'une à l'autre, selon le contexte. Mathieu considère appartenir plutôt à un groupe particulier, celui des francophones, mais où l'anglais devient, dans certains cas, une langue utilitaire. Le discours tenu par Mathieu indique, de façon générale, un rapport très étroit à la francophonie. Ce discours indique également une compréhension des enjeux imminents liés à la préservation de la langue et de la culture françaises. Mathieu semble conscient de la fragilité de celles-ci et, pour cette raison, il a fait le choix réfléchi de vivre en français, dans un contexte social où la langue et la culture majoritaires anglaises sont omniprésentes.

Chapitre 5
Les jeunes de la région
de Toronto

Trois jeunes de la région de Toronto ont participé au volet ethnographique de l'étude. Il s'agit d'Élizabeth, d'Annie et de Philias. Ces élèves fréquentaient l'école catholique St-Laurent, de taille moyenne, qui est située dans une région de la province fortement anglicisée, où les francophones sont plutôt dispersés et où il est parfois difficile de vivre en français.

Élizabeth

Élizabeth, est âgée de quinze ans en 1997. Elle est en 10ᵉ année à l'école catholique St-Laurent. La jeune fille est née à Toronto de parents haïtiens, venus s'établir au Canada au milieu des années soixante-dix. Elle demeure avec sa mère, son père et son frère aîné, dans une banlieue du nord de Toronto.

La famille d'Élizabeth

Les parents d'Élizabeth, Yvonne et Damien, sont originaires de Haïti. Ils ont décidé de venir s'établir au Canada pour des raisons d'emploi, étant donné la situation précaire du marché du travail, à l'époque, dans leur pays d'origine. Ils ont choisi le Canada, à la suggestion de cousins qui étaient déjà établis en sol canadien et qui leur avaient vanté les mérites du Canada comme pays d'accueil. La parenté d'Yvonne et de Damien vit à présent en grande partie à New York et à Montréal. À son arrivée au Canada, Damien a d'abord passé quelque temps à Montréal, où il est arrivé en décembre 1975. Yvonne, de son côté, a séjourné pendant quelques années aux États-Unis. Elle est arrivée en Floride en 1977. Elle est venue, par la suite, rejoindre Damien au Canada.

Lorsque le père d'Élizabeth est arrivé au Canada, il s'est trouvé un emploi à Montréal, dans le domaine de la fourrure. Ce n'est que quelques années plus tard que la famille d'Élizabeth est déménagée à Toronto, après avoir fait un bref séjour à New York. Lorsqu'ils sont arrivés à Toronto, Yvonne était enceinte d'Élizabeth. Elle a travaillé pendant quelque temps dans une usine, emploi qu'elle a dû quitter parce qu'elle souffrait d'allergies. Présentement les deux parents détiennent un emploi. Damien travaille dans une usine de congélation de poisson, alors qu'Yvonne travaille avec les vieillards. L'emploi de cette dernière consiste à aller faire des visites à domicile pour aider les personnes âgées dans leurs tâches quotidiennes. En ce qui concerne leurs études, les parents d'Élizabeth sont allés à l'école élémentaire et, pour diverses raisons, n'ont pas poursuivi d'études secondaires. Yvonne et Damien ont toujours été en mesure de se trouver du travail depuis leur arrivée au Canada.

Le frère d'Élizabeth, Jean-Claude, est dans la vingtaine. Il détenait un emploi à temps partiel lorsque nous avons rencontré les parents d'Élizabeth. C'est pendant le séjour d'Yvonne aux États-Unis que son fils est né. D'après elle, c'est ce qui expliquerait la préférence de ce dernier pour l'anglais. Elle s'explique de la façon suivante:

> C'est parce que quand il est venu au monde, j'étais à Miami et aux alentours c'était anglais. Puis à deux ans, je l'ai amené dans un «daycare», puis c'était tout en anglais. C'est comme s'il passait toute sa journée en anglais… Même la maison où j'ai habité, tout le monde parlais anglais. C'est pour ça qu'il parle seulement anglais. (Ent. par. 2-6, DGL, 1B, p. 15)

En arrivant à Toronto, Jean-Claude est allé à l'école de langue anglaise et il a poursuivi toutes ses études dans cette langue. Il parle généralement en anglais avec les membres de sa famille, même si son père s'adresse à lui en français. Damien précise que Jean-Claude comprend le français, mais qu'il ne se sent pas à l'aise de le parler. Selon les parents, c'est la raison pour laquelle leur fils Jean-Claude n'a pas accepté de participer à l'entrevue familiale[1].

De son côté, Élizabeth est toujours allée à l'école catholique de langue française. Ses parents ont été informés de l'existence des écoles de langue française par une amie. Comme l'explique Yvonne:

---

[1] Nous avons tenté, mais sans succès, de rencontrer Jean-Claude à quelques reprises pendant la durée de l'étude pour faire une entrevue. Même si nous avons pris soin de spécifier que l'entrevue pourrait être conduite en anglais, le jeune homme n'a pas accepté de nous rencontrer.

> J'ai trouvé une amie qui m'a dit qu'il y avait une école française
> pas loin d'ici et j'ai trouvé un autobus qui amenait [les enfants]
> à l'école, puis j'ai demandé à mon amie de me trouver l'adresse,
> puis je suis allée là pour inscrire Élizabeth...
> (Ent. par. 2-6, DGL & SR, 1B, p. 15)

En ce qui a trait à la langue d'usage à la maison, celle-ci varie selon les personnes présentes. Entre eux, Yvonne et Damien se parlent souvent en créole. Élizabeth et sa mère se parlent généralement en français, même s'il arrive cependant qu'Élizabeth réponde en anglais. Lorsqu'elle parle avec son père, la jeune fille utilise toujours le français. Avec son frère, par ailleurs, les échanges se font en anglais. Lorsque la famille est réunie, on retrouve un mélange de ces trois langues. Élizabeth s'est définie comme étant trilingue au début de l'étude, puisque selon elle, elle est capable de parler le français, l'anglais et le créole. Interrogés à ce propos, les parents de la jeune fille ont avoué qu'Élizabeth ne parle pas le créole de façon active. Selon eux, elle peut comprendre une conversation, mais elle ne connaît que quelques mots de ce dialecte, qu'elle n'utilise que rarement d'ailleurs. Ses compétences en créole sont donc assez limitées, même si avant son entrée à l'école, Élizabeth s'est fait garder chez sa grand-mère, qui ne parlait que le créole.

Lorsque les enfants étaient plus jeunes, les activités pratiquées en famille consistaient en grande partie à se rendre tous ensemble à l'église. La famille continue de fréquenter la même église, où Élizabeth fait maintenant partie de la chorale. Les parents d'Élizabeth ne sont membres d'aucune association, mais ils ont des amies et amis haïtiens, de même que canadiens anglais. Lors de leur arrivée à Toronto, ils ont reçu l'aide d'une Québécoise avec qui ils sont restés amis depuis.

D'après les parents d'Élizabeth, leur fille va choisir plus tard de vivre dans les deux langues. Comme l'explique son père:

> Je pense qu'elle va être bilingue. C'est normal, on est à Toronto.
> Ici [à la maison], on parle français et anglais. Surtout, elle est
> jeune, elle veut apprendre. De toute façon, elle va être bilingue.
> Elle est déjà bilingue. Elle communique en français et en anglais.
> (Ent. par. 2-6, DGL & SR, 1B, p. 21)

Dans le cas des parents, tous deux affirment avoir conservé leur identité haïtienne même s'ils sont à présent des citoyens canadiens.

La vie scolaire d'Élizabeth

Élizabeth suit des cours de niveau général à l'école. Elle bénéficie également de l'aide d'une enseignante-ressource. Elle a en effet été identifiée par l'école comme une élève ayant besoin de soutien supplémentaire pour accomplir ses tâches scolaires. L'enseignante-ressource aide donc Élizabeth à compléter son travail de classe et les projets qui y sont associés. L'enseignante-ressource explique son travail dans les termes suivants:

> Ils [les élèves] suivent un cours régulier… mais ils ont une période au centre de soutien. Donc, cela veut dire qu'à chaque jour, ils arrivent, puis les devoirs qu'ils n'ont pas pu terminer parce qu'ils avaient une difficulté, ils ne comprenaient pas, ils n'ont pas eu le temps, tout cela, je le règle à ce moment-là. (Ent. ens. 7-6, DGL, 1B, p. 5)

Les enseignants et les enseignantes d'Élizabeth la décrivent comme une jeune fille tranquille, un peu timide, qui ne parle pas souvent et qui travaille beaucoup. Par rapport à la langue d'usage, un membre du personnel de l'école qui a enseigné à la jeune fille se rappelle de ce qui suit au sujet d'Élizabeth:

> C'est une petite fille qui n'était pas difficile. T'sais, elle parlait français quand je le demandais, mais, si l'amie à côté d'elle parlait français, ben elle aurait parlé français. Mais elle parle anglais, parce que l'amie à côté d'elle parle anglais. (Ent. ens. 2-6, DGL, 1B, p. 13)

Au moment des observations, on a pu remarquer qu'effectivement Élizabeth passe facilement du français à l'anglais, selon la langue dans laquelle s'est adressée la personne avec qui elle converse. Ces conversations sont souvent en français d'ailleurs. Dans la plupart de ses cours, Élizabeth se retrouve avec des élèves qui appartiennent aussi à des minorités ethniques et raciales diverses. Toujours au moment des observations, on a pu constater que ce groupe d'élèves privilégie souvent le français dans ses échanges, et ce, même dans les cours d'anglais, où ils et elles ne sont pas supposés parler en français. Selon Élizabeth, le choix de la langue dépend de la situation dans laquelle elle se trouve.

Les activités parascolaires d'Élizabeth à l'école secondaire ne sont pas nombreuses. Elles se limitent à la chorale. Activité à laquelle elle s'adonnait d'ailleurs déjà à l'école élémentaire. À cette époque, en plus de faire partie de la chorale, elle appartenait aussi à l'orchestre et elle jouait au ballon-volant.

En ce qui concerne les projets d'avenir d'Élizabeth, celle-ci songe à faire des études postsecondaires en français dans un collège communautaire en Ontario. Elle veut poursuivre ses études dans le domaine de l'hygiène dentaire.

Les activités d'Élizabeth

D'après les propos de la jeune fille, celle-ci mène une vie plutôt rangée. En dehors de l'école, c'est surtout à des activités associées à l'église que s'adonne l'adolescente. La famille d'Élizabeth fréquente une église catholique de langue anglaise. Comme il a été mentionné auparavant, Élizabeth appartient à la chorale de cette église. Elle s'y est d'ailleurs fait des amies. Celles-ci sont pour la plupart jamaïcaines et elle les voient surtout à la messe le dimanche et au moment des pratiques de la chorale, à laquelle elles appartiennent aussi.

Les amies d'Élizabeth

Élizabeth a plusieurs amies. Celles-ci sont principalement des jeunes filles avec qui elle va à l'école, qui sont d'origines diverses. Elle a un autre groupe d'amies qui est formé de jeunes filles anglophones et jamaïcaines. Elle fréquente ces dernières uniquement dans le cadre des activités religieuses auxquelles elle participe.

En ce qui concerne ses amies de l'école, certaines des jeunes filles se connaissent depuis le temps de l'école élémentaire et elles sont demeurées amies depuis. Les autres ont fait la connaissance d'Élizabeth au début de leurs études secondaires, soit en 9e année. Lors d'une entrevue de groupe, six d'entre elles se sont jointes à Élizabeth pour parler de leur amitié, des activités qu'elles partagent et de leurs vues sur l'importance de la langue et de la culture françaises. Ce sont Terrie, Debbie, Claudia, Fabienne, Sophie et Patricia. Ces jeunes filles sont d'origines diverses: québécoise, égyptienne, grecque, haïtienne et italienne. Trois d'entre elles sont nées à Toronto, alors que les autres sont nées ailleurs, soit au Québec, en Égypte et en Haïti. La langue d'usage à la maison varie parmi ces adolescentes. Il n'y a que Claudia, née au Québec, qui utilise uniquement le français à la maison. En ce qui concerne l'anglais comme langue d'usage unique, il n'y a que Patricia, d'origine haïtienne, qui dit n'utiliser que cette langue à la maison. Terrie, également d'origine québécoise, utilise le français et l'anglais à la maison, alors que les autres utilisent une troisième langue, soit le grec, l'arabe et l'italien. Pour ces dernières, leur langue d'origine chevauche l'anglais dans deux cas sur trois, alors que dans le troisième cas, les trois langues sont utilisées dans le milieu familial.

Les pratiques langagières des amies d'Élizabeth sont donc très variées, ce qui représente d'ailleurs assez bien le contexte de plusieurs familles qui vivent dans la région métropolitaine de Toronto. Entre elles, cependant, les adolescentes se parlent principalement en anglais. Selon les jeunes filles, l'emploi du français ou de l'anglais dépend néanmoins de la situation dans laquelle elles se trouvent. Par exemple, si elles ne veulent pas que les gens autour d'elles comprennent ce qu'elles disent, elles s'exprimeront en français. Cette langue devient en quelque sorte un code secret pour plusieurs d'entre elles. Élizabeth et ses amies utilisent aussi le français lorsqu'elles sont avec des gens qui se sentent plus à l'aise de s'exprimer en français comme, par exemple, avec leur amie Claudia.

Élizabeth et ses amies font plusieurs activités en groupe. Parmi celles-ci on retrouve le cinéma, les visites au centre commercial et les fêtes qu'elles organisent pour célébrer les anniversaires des membres du groupe. Elles avouent cependant que c'est parfois difficile de se rencontrer en dehors de l'école à cause de la distance qui les sépare. Elle habitent en effet dans des quartiers éloignés les uns des autres. À l'école, elles se retrouvent le midi pour manger ensemble lorsque leur horaire le permet.

D'après les propos recueillis, le français est important pour les amies d'Élizabeth, mais pour différentes raisons. C'est le caractère utilitaire de la langue qui ressort le plus dans la discussion. Le français est perçu comme une valeur marchande importante. De pouvoir s'exprimer dans les deux langues officielles du Canada permet, selon les jeunes filles interrogées, d'avoir davantage accès à de l'emploi, dans une économie où la concurrence est grande. De plus, la connaissance du français est un atout précieux lors de voyages à travers le monde.

Mais, la langue française représente néanmoins plus qu'un simple outil. Pour l'une de ces adolescentes, par exemple, le français est important, car l'utiliser montre son attachement à la langue et à la culture françaises, héritage qu'elle aimerait transmettre à ses enfants. Une autre exprime sa pensée de la façon suivante:

> J'ai appris les deux langues [le français et l'anglais] en même temps. Donc, je ne peux pas vraiment dire que j'en ai une première, puis une seconde, parce que la réalité est que les deux sont ma première et ma seconde en même temps. Si je veux rendre mes parents contents, il faut que je dise que le français c'est ma langue première. Mais la réalité, c'est que j'ai appris les deux langues en même temps... so, je ne vois pas vraiment de différence. (Ent. am. 2-6, DGL & SR, 1B, p. 17)

Selon moi, ce dernier témoignage nous plonge au cœur même de la notion d'identité bilingue et du débat qui porte sur le danger qu'une telle forme d'identité peut représenter pour le maintien de la langue et de la culture françaises. Ce témoignage montre bien, à mon avis, le dilemme dans lequel sont souvent plongés les jeunes francophones qui grandissent en milieu francophone minoritaire. On se sent souvent à l'aise dans les deux langues. Mais on ressent aussi la pression des parents qui voudraient que l'enfant se positionne et choisisse une langue particulière, en l'occurrence le français. On note en effet dans les propos de la jeune fille l'influence des parents dans la conception que se font — ou ne se font pas — les adolescentes et les adolescents de l'importance à accorder à la langue minoritaire dans leur vie.

En ce qui a trait à leurs projets d'avenir, les jeunes filles interrogées veulent entreprendre des études postsecondaires, pour la majorité d'entre elles, au niveau universitaire. Même si elles n'ont pas encore une idée précise du domaine dans lequel elles veulent étudier, elles planifient s'inscrire dans des universités anglophones, bien que quelques-unes désirent prendre quelques cours en français, si cela s'avère possible.

Le point de vue d'Élizabeth sur la langue et la culture françaises et son rapport à l'identité

Élizabeth se dit bilingue, avec l'anglais comme langue dominante. Dans le sondage de 1997, elle indiquait toutefois être trilingue, ses langues d'usage étant à cette époque, par ordre de priorité, le français, l'anglais et le créole. Lors de la rencontre à Toronto à l'automne 1999, Élizabeth s'est cependant décrite comme étant plutôt anglophone:

> *Él.:* Comme, tout le monde autour de moi parle anglais, comme
> mon entourage c'est seulement l'anglais, alors je ne me
> pense pas francophone.
> *Int.:* Quand tu écris, est-ce que tu penses en français ou en
> anglais dans ta tête?
> *Él.:* Les deux.
> (Fin de semaine de groupe à Toronto, octobre 1999)

Pourtant, elle insiste quand même sur l'importance du français pour elle, même si elle fait la plupart de ses activités en anglais, lorsqu'elle travaille ou lorsqu'elle se trouve avec ses amies. Même à la maison, elle converse beaucoup en anglais avec sa mère et ne parle que cette langue avec son frère. Il n'y a qu'avec son père qu'elle s'entretient en français. En ce qui a trait au créole, cette langue fait peu partie de sa vie, car elle l'utilise rarement. Même si elle dit pouvoir comprendre des bribes de conversation, elle éprouve de la difficulté à le parler.

Au moment des observations en salle de classe, Élizabeth a utilisé plutôt le français dans ses échanges avec les autres élèves, surtout avec ceux et celles qui appartiennent à des minorités visibles. Sauf au moment où Élizabeth bénéficie des services de l'enseignante-ressource, la jeune fille se trouve la plupart du temps dans des cours de niveau général où la très grande majorité des élèves est d'origine africaine ou haïtienne. Or, ces jeunes se parlent généralement en français entre eux. Avec son groupe d'amies cependant, la langue d'usage est l'anglais. C'est la même chose dans son milieu de travail. Élizabeth croit quand même à la valeur marchande du français, puisqu'elle indique dans une de ses entrevues que la connaissance du français peut l'aider à lui faire décrocher un emploi. Dans son travail à temps partiel, dans un restaurant franchisé situé à l'aéroport, elle n'est pas appelée à utiliser le français avec les clients et les clientes. Elle relate cependant un incident où on lui a demandé de converser avec une cliente qui était unilingue francophone:

> Comme un jour, quand je travaillais, quelqu'un qui parlait seulement le français est venu. Personne à mon travail savait parler français pour aider la personne pour choisir ce qu'elle voulait et quelqu'un m'a demandé si je parlais français et j'ai dit oui. Puis j'ai aidé la personne et comme, je me sentais fière de parler français, j'étais comme, j'étais impressionnée avec moi-même, que je pouvais aider quelqu'un et que je connais une autre langue. (Ent. 5 él. 6, DGL, 1B, p. 13)

Élizabeth a pu ainsi constater la valeur utilitaire du français. Son témoignage montre aussi clairement qu'Élizabeth s'est sentie valorisée par une telle expérience. Malgré cette fierté, Élizabeth continue de se définir comme possédant une identité bilingue, puisque, selon elle, elle a été élevée dans les deux langues. Elle ajoute qu'elle se sent plus à l'aise de parler en anglais cependant, car elle pense qu'elle maîtrise mieux cette langue que le français.

Conclusion

On constate que dans le cas d'Élizabeth, comme pour les autres, le parcours identitaire n'est pas quelque chose de linéaire et que les frontières linguistiques se traversent facilement et fréquemment. Encore une fois, on passe du français à l'anglais, et de l'anglais au français sans même parfois s'en rendre compte. Le milieu familial d'Élizabeth en est un premier exemple. En effet, plusieurs langues sont en usage parmi les membres de la famille, que ce soit le créole entre les parents, l'anglais entre Élizabeth et son frère, ou le français entre le père et ses enfants. Avec ses amies, c'est la même chose. Avec la majorité d'entre elles, l'anglais est la langue d'usage, mais le français est également utilisé avec certaines amies du groupe. C'est à l'école qu'Élizabeth utilise le plus la langue française.

On note l'existence d'une certaine dualité chez Élizabeth en ce qui a trait à l'usage du français et de l'anglais. D'un côté, elle souligne l'importance de la langue française mais, d'un autre côté, elle croit qu'elle la parle mal, que les gens s'en rendent compte et qu'elle ne devrait pas s'exprimer en français pour cette raison. Ce sentiment d'insécurité linguistique n'est pas unique à Élizabeth. Il n'est pas rare qu'en milieu minoritaire les francophones croient ne pas assez bien maîtriser la langue pour la parler. Le caractère normatif attribué à la langue française par les autorités scolaires en particulier provoque facilement un sentiment d'insécurité linguistique en milieu minoritaire. C'est le cas pour Élizabeth, si l'on se fie aux propos qu'elle a tenus sur la question.

ANNIE

Annie a quinze ans en 1997 et elle est en 10ᵉ année à l'école St-Laurent. Elle est née à Ottawa, mais elle est déménagée à Toronto à l'âge de trois ans. Elle vit avec ses parents, Michelle et Normand, tout deux francophones. Elle a deux frères aînés qui ne vivent plus sous le toit familial depuis qu'ils fréquentent l'Université d'Ottawa, où ils étudient tous les deux en français.

La famille d'Annie

Les parents d'Annie, Michelle et Normand, sont tous deux nés au Québec. Ils ont cependant vécu la grande partie de leur enfance dans une petite localité de l'Est de l'Ontario, où leurs parents s'étaient établis. Michelle est arrivée en Ontario à l'âge de quatre ans et elle a pratiquement vécu toute son enfance en français. Elle habitait en effet dans la partie francophone de la ville et la langue d'usage à la maison était exclusivement le français. Elle ajoute que même à présent, sa mère parle encore très peu l'anglais. Elle a toujours fréquenté des écoles de langue française et a poursuivi ses études universitaires en français. Michelle se perçoit comme québécoise, malgré le fait qu'elle habite en Ontario depuis sa tendre enfance. Comme elle l'explique:

> C'est une question de sentiment et d'appartenance là et puis j'ai, on allait ma sœur et moi, on allait toujours passer nos vacances dans les Laurentides lorsqu'on était plus jeunes. Même si j'habitais [en Ontario] l'été on passait toujours nos vacances dans les Laurentides, donc on retrouvait nos sources québécoises. (Ent. par. 7, DGL & SR, 1B, p. 7)

Un puissant sentiment d'appartenance à la francophonie continue d'habiter Michelle même à l'âge adulte. Elle décide alors de devenir enseignante. Elle poursuit ses études universitaires à temps partiel lorsque ses enfants sont jeunes. Elle débute sa carrière dans des écoles de langue française dans l'Est de l'Ontario. Lorsque la famille s'établit à Toronto, Michelle enseigne en immersion française, emploi qu'elle occupe d'ailleurs encore aujourd'hui.

De parents franco-ontariens, le père d'Annie naît cependant à Montréal. La famille de Normand revient en Ontario lorsque ce dernier est âgé de deux mois. Ils choisissent de s'installer dans l'Est de la province, dans un village anglophone de cette région, où ils vivent en anglais, même à la maison. Normand fréquente néanmoins une école de langue française. Sa famille déménage ensuite dans la même localité que Michelle. Normand est alors âgé de 10 ans. Ils s'installent dans une paroisse francophone de la localité. Le père de Normand décide de mettre davantage l'accent sur le français et c'est la langue qui est utilisée dorénavant à la maison.

Normand se dit franco-ontarien. Il définit ce terme de la façon suivante: il réside en Ontario et le français est sa langue première, puisqu'il s'en sert dans son travail, à la maison et dans les activités qu'il mène en dehors de son travail. Bien qu'il soit parfaitement bilingue, il préfère le français à l'anglais. Après avoir poursuivi des études universitaires en français, Normand choisit d'enseigner dans le système scolaire de langue française. Par la suite, il va occuper divers postes administratifs dont, entre autres, celui de directeur d'école. Son contexte de travail a donc toujours été francophone.

Annie a deux frères aînés, Jean-Laurent et François, tous deux au début de la vingtaine. Le premier, passionné de théâtre lorsqu'il était adolescent, a toujours été intéressé par les activités culturelles et il y a participé beaucoup à l'école secondaire. Il s'est également impliqué à l'école dans le conseil étudiant et dans d'autres activités parascolaires. Il a décidé de poursuivre ses études universitaires en français à Ottawa.

Pour sa part, François a suivi les traces de son frère et, à l'école, il a participé aux mêmes types d'activités que Jean-Laurent avait lui-même faits. Avec un peu moins de deux ans de différence en ce a trait à leur âge, ils se sont intéressés à peu près aux mêmes choses. Contrairement à son frère qui a choisi le domaine des communications, François poursuit des études universitaires en sciences aussi à Ottawa. Simultanément, il est élève-officier dans les forces armées canadiennes. Pour François, la langue et la culture françaises sont très importantes dans sa vie et, comme le reste de la famille, il est fier d'être francophone.

Lorsqu'il fréquentait l'école de langue française, la pression des autres élèves et des amis et amies à parler en anglais n'a pas semblé influencer le rapport que François entretient à la langue française.

Michelle et Normand pensent que le fait que leurs garçons aient passé leur petite enfance dans la région d'Ottawa où ils ont vécu en francophones — par exemple, ils pouvaient jouer dehors en français avec les amies et amis du quartier — a peut-être contribué à fonder, chez eux, des assises plus solides en français. Toujours d'après les parents, cela n'a pas été le cas pour Annie, déménagée à Toronto encore toute petite. D'après Michelle, cela pourrait expliquer pourquoi Annie utilise l'anglais aussi souvent qu'elle le fait.

Lors de leur arrivée à Toronto, qui remonte à plus de treize ans au moment de la cueillette des données, les parents d'Annie se sont tout de suite informés des divers services disponibles en français dans la ville. Ils ont aussi décidé de fréquenter une paroisse catholique francophone pas très éloignée de leur lieu de résidence. Comme ils l'ont expliqué, ils ont fait en sorte de créer un milieu de vie le plus francophone possible pour eux et pour leurs enfants. Par exemple, les trois enfants ont fait partie du mouvement scout, ils ont pris des cours de piano en français, ils ont fait du théâtre en français, ils sont tous allés à des camps d'été au Québec. Néanmoins, certaines activités ont dû être pratiquées en anglais, car elles n'étaient pas disponibles en français. Par exemple, Annie fait du ballet depuis qu'elle est toute petite et les cours sont en anglais.

En ce qui concerne la langue et la culture françaises, les parents d'Annie sont d'accord pour dire qu'elles ont toujours tenu une place de première importance dans leur vie et ils sont fiers d'appartenir à la francophonie. Comme le mentionne Michelle :

> Je crois vraiment qu'en vieillissant, tu tiens encore plus à ta langue, à ton origine, parce qu'on défend notre langue et puis même, on trouve ça choquant quand quelqu'un arrive du Québec ou d'un autre endroit, que leur enfant parle français et puis que là, ils se mettent à parler en anglais à leurs enfants. Pour nous ça c'est choquant, on se dit ils vont perdre leur langue. (Ent. par. 7, DGL & SR, 1B, p. 10)

À la maison, la langue d'usage entre Annie et ses parents est le français. En ce qui concerne ses deux frères, Annie leur parle aussi, la plupart du temps, en français. Selon les parents de la jeune fille, des trois enfants, Annie est celle qui a été le plus influencée par l'anglais et qui le parle le plus. Sa mère le note plus particulièrement lors de conversations téléphoniques avec les amies et amis, pendant lesquelles l'anglais devient la langue d'usage. La famille d'Annie pratique le plus d'activités possibles en français, à chaque fois que l'occasion se présente. Pièces de théâtre, festival des films francophones, activités paroissiales et activités du Club

Richelieu — club social réservé aux francophones — en constituent ici quelques exemples.

La vie scolaire d'Annie

Annie suit ses cours au niveau avancé et elle réussit bien à l'école. La jeune fille a toujours fréquenté l'école de langue française. Annie est très impliquée dans les activités parascolaires. Elle détient un rôle de leadership à l'école. Membre du conseil étudiant, elle s'occupe de plusieurs dossiers. Elle fait partie de l'équipe d'improvisation. Elle participe aussi à la radio étudiante, au journal étudiant et elle a fait partie d'équipes sportives. Elle prend part également aux pièces de théâtre produites à l'école. Elle participe, depuis son arrivée à l'école, à toutes les activités de la FESFO — organisme qui regroupe les jeunes des écoles de langue française en Ontario et qui fait la promotion de la langue et de la culture françaises. Elle souligne le rôle important que cet organisme remplit en étant en quelque sorte un élément rassembleur des jeunes francophones. Finalement, elle est aussi grandement impliquée dans une association qui regroupe toutes les écoles secondaires de son conseil scolaire. Annie se dit motivée par les activités parascolaires. Sans elles, la jeune fille avoue qu'elle s'ennuierait à l'école.

Malgré ses multiples activités, Annie réussit quand même bien à l'école. Elle est perçue par les enseignantes et les enseignants comme une jeune fille sensibilisée à la question de la langue et de la culture françaises. Comme l'explique un enseignant qui a eu Annie dans ses cours :

> C'est une de mes élèves… qui a un rapport des plus étroits [à la langue et à la culture], je dirais dans mes groupes. Annie semble accorder beaucoup d'importance au français… En dehors de la salle de classe, je l'entends très souvent parler en français avec d'autres étudiants. Je l'entends aussi parler l'anglais avec certains élèves, mais je pense qu'elle est très consciente de ses origines francophones, puis elle s'exprime très bien aussi.
> (Ent. ens. 5-7, DGL, 1B, p. 14)

Annie mentionne, dans l'une de ses entrevues, que lorsqu'elle fréquentait l'école élémentaire, elle parlait presque exclusivement en français avec les élèves, surtout avec les filles. Selon Annie, les garçons avaient davantage tendance à utiliser l'anglais. Toujours d'après la jeune fille, ce n'est qu'au début de ses études secondaires qu'elle a commencé à parler en anglais avec les élèves. À présent, elle passe facilement d'une langue à l'autre au cours d'une même journée, même si elle continue à privilégier le français.

Dans la salle de classe, la langue qu'elle utilise avec les élèves est surtout le français, même si elle se sert de l'anglais dans certaines circonstances. Par ailleurs, en dehors de la salle de classe, elle utilise souvent l'anglais dans ses conversations avec les élèves. Elle note que certains de ses amis n'aiment pas vraiment parler en français, qu'ils disent que ce n'est pas «cool» de le faire. Elle s'adapte donc à la situation, en passant à l'anglais. Par contre, elle parle français avec ses amis et amies qui parlent français à la maison ou avec ceux et celles qui viennent d'Haïti ou d'ailleurs dans le monde et qui s'expriment uniquement en français.

Annie s'adresse cependant toujours en français aux membres du personnel enseignant et aux responsables des activités parascolaires. Durant ces activités, elle parle aux autres élèves le plus souvent en français, surtout dans le cadre des rencontres du conseil étudiant. Elle avoue cependant trouver parfois difficile de vivre dans un milieu où existe une telle dualité linguistique. Elle exprime sa pensée en ces termes:

> Je l'entends partout [l'anglais] dans les rues, puis là, c'est comme, tu mets le pied dans l'école, tu es supposé parler tout de suite en français, puis ça complique les choses. Puis des fois, tu es tout mêlé, tu dis des mots en français, comme le franglais comme on dit, c'est difficile pour moi en tant que francophone... (Ent. 2, él. 7, DGL, 1B, p. 4)

On peut ainsi remarquer certaines tensions. Le va-et-vient entre les deux langues est cependant réel et représente un choix pour la jeune fille. Elle semble d'ailleurs s'accommoder assez bien de la situation, puisqu'elle mène une vie remplie, où les activités fusent de toutes parts. Au cours des observations, l'utilisation parallèle du français et de l'anglais dans les pratiques langagières de la jeune fille est clairement ressortie.

En ce qui concerne ses projets d'avenir, Annie désire poursuivre des études universitaires en français à l'Université d'Ottawa, comme le font ses deux frères. Elle a choisi d'étudier dans le domaine des communications.

Les amies et amis d'Annie

Le groupe d'amis et amies de l'adolescente se compose de jeunes qui parlent les deux langues et, dans certains cas, une troisième langue. Annie décrit son groupe d'amies et amis de la façon suivante:

> J'ai des amis de partout, comme, c'est surprenant, j'ai très peu d'amis franco-ontariens, peut-être dix pour cent de franco-ontariens. Les autres sont arabes, il y en a de la Syrie, de Haïti. J'ai des amis de toutes les cultures... (Ent. 1, él. 7, SR, 1B, p. 13)

Les amies et amis d'Annie n'ont pas toutes et tous fréquenté l'école élémentaire de langue française. Lors de l'entrevue de groupe, trois des cinq élèves présents avaient étudié dans des écoles d'immersion française et leurs parents étaient anglophones. Parmi les deux autres, un était francophone et l'autre, de descendance française et arabe. Pour la plupart, ils ont rencontré Annie au début du cours secondaire et ils sont amis avec elle depuis. Les activités que font ensemble ces jeunes varient. À l'école, certains d'entre eux mangent ensemble. À l'extérieur de l'école, ils vont de façon régulière dans un café situé à proximité de l'école. Ils vont aussi au cinéma. Les filles du groupe vont souvent magasiner ensemble dans les divers centres commerciaux de la ville. Pendant l'été, les adolescentes et adolescents font des journées d'excursion et vont à la plage.

Même si tous les jeunes interrogés reconnaissent l'importance du français, la langue qu'ils utilisent le plus souvent lorsqu'ils sont ensemble demeure l'anglais. C'est la langue parlée à la maison pour la plupart d'entre eux. Dans certains cas, c'est la valeur marchande qu'on accorde à la langue française qui ressort dans les entrevues. On considère important de pouvoir la parler, mais elle demeure une langue secondaire. Tous les jeunes du groupe se considèrent bilingues. Toutes et tous, à l'exception d'Annie, ont l'anglais comme langue dominante. Dans le cas de la jeune fille, c'est le français qui domine. Elle reconnaît cette différence qu'elle explique d'ailleurs de la façon suivante :

> Moi, c'est complètement différent de tous les autres. Ça [le français] fait partie de ma culture, puis je tiens à la garder. Ça m'insulte vraiment quand il y a du monde qui viennent insulter ma langue, parce qu'ils n'insultent pas seulement ma langue, c'est moi qu'ils insultent. Comme la St-Jean-Baptiste, des choses comme ça, ça fait partie de ma vie. Je vais voir des pièces de théâtre en français, je vais essayer d'incorporer dans ma vie le français. C'est sûr qu'avec mes amis, je suis minoritaire, alors l'anglais l'emporte. Mais des fois, quand moi je commence à parler en français, les autres [amies et amis] viennent, puis ça dure une minute, puis c'est bon [rires].
> (Ent. am. 7, DGL & SR, p. 17-18)

Comme dans le cas de bien des jeunes, Annie et ses amies et amis utilisent parfois le français si on ne veut pas que les anglophones qui sont autour d'eux les comprennent. On ajoute, néanmoins, que de plus en plus de monde comprend le français et qu'il faut maintenant faire plus attention à ce qu'on dit. Plusieurs des jeunes interrogés ont aussi révélé faire un effort pour parler en français avec Annie, puisque cette dernière préfère cette langue à l'anglais. D'après les propos tenus, la majorité des membres du groupe utilise le français uniquement dans le contexte de l'école. Partout ailleurs, en effet, les échanges se font uniquement en anglais. Le français devient en quelque sorte une langue secondaire.

Pendant la dernière année du projet, Annie s'est fait un copain lors des jeux franco-ontariens. Simon fréquente une autre école secondaire du conseil scolaire. D'origine québécoise, il habite dans la région de Toronto depuis quelques années. Lorsqu'ils sont ensemble, ils se parlent pratiquement toujours en français. Ils utilisent l'anglais s'ils sont avec d'autres jeunes qui parlent plutôt en anglais.

En ce qui concerne l'avenir de ce groupe de jeunes, tous et toutes désirent poursuivre des études postsecondaires. Selon Annie, ils et elles iront étudier en anglais, à l'exception de Simon et d'elle-même, qui feront leurs études en français. Annie termine en disant que, d'après elle, ces amis et amies vont «perdre leur langue, parce qu'ils ne la parleront pas».

Les activités d'Annie

Annie vaque à de nombreuses activités, tant à l'école qu'à l'extérieur de l'école. Plusieurs se déroulent en français. Quelques-unes d'entre elles ont été mentionnées auparavant comme, par exemple, l'improvisation et le conseil étudiant. En ce qui concerne ses activités en dehors de l'école, c'est celle du théâtre communautaire qui est la plus importante dans la vie d'Annie. La jeune fille fait en effet partie d'une troupe de théâtre amateur francophone. L'ayant vue jouer dans une pièce de théâtre à l'école, le metteur en scène d'une troupe francophone de la région de Toronto a offert à Annie de passer une audition pour un rôle dans l'une de ses pièces. Annie a passé l'audition et a obtenu un rôle. La pièce a d'ailleurs été choisie pour représenter le Canada en Europe lors d'un festival international. L'adolescente adore aussi la nature. Elle s'adonne au camping, au canoë et à la bicyclette. Plus jeune, elle a fait partie du mouvement scout, qu'elle a abandonné pour prendre des cours de ballet, de gymnastique, de patinage et de natation. Elle participait également aux activités de l'église organisées pour les jeunes de la paroisse catholique francophone. Lors du dernier entretien avec Annie, la jeune fille travaillait à temps partiel comme vendeuse dans un grand magasin près de chez elle où les occasions de parler français sont plutôt rares.

Annie accorde beaucoup d'importance aux activités en français. Elle assiste aux pièces de théâtre de la troupe professionnelle francophone de Toronto. Lors du festival annuel des films francophones, elle s'y rend. C'est dans le cadre scolaire et parascolaire qu'elle est cependant la plus active. En parlant d'une association francophone parascolaire dont elle fait partie, la jeune fille mentionne ce qui suit:

> Ben moi, ce qui m'attire surtout c'est les gens. Comme, on se comprend tellement bien, on a pas mal la même philosophie sur notre culture, notre langue, on veut la partager. Puis vraiment je vais là pour pouvoir m'exprimer en français, pouvoir organiser des activités en français, qu'on n'a pas beaucoup à Toronto, puis moi, je me trouve très chanceuse de faire partie de ça…
> (Ent. 6, él. 7, MK, p. 6)

Cette préoccupation de vivre en français est très forte chez Annie. Même si la jeune fille vit dans un milieu anglo-dominant, elle s'efforce de se créer des opportunités pour faire usage de la langue et de la culture françaises autant qu'elle le peut.

Le point de vue d'Annie sur la langue et la culture françaises et son rapport à l'identité

Lorsqu'Annie a répondu au sondage, elle s'était identifiée comme étant bilingue, avec le français comme langue dominante. Annie est consciente de l'importance de la langue et elle est fière de parler français, fierté qu'elle dit détenir de ses parents d'ailleurs. Ce qui ne l'empêche pas cependant d'utiliser l'anglais dans ses interactions avec les autres. Par exemple, si quelqu'un s'adresse à elle en anglais, elle répondra tout probablement dans cette langue. Elle explique que certains de ses amis n'aiment pas vraiment parler français, parce qu'ils ne trouvent pas ça «cool». Elle s'adapte donc à la situation en leur répondant en anglais. Enfin, Annie trouve qu'il est avantageux d'être bilingue, entre autres, sur le marché du travail. Mais malgré l'utilisation relativement importante de l'anglais dans ses activités quotidiennes, le discours tenu par Annie sur la langue et la culture françaises dénote cependant une grande compréhension des enjeux et de l'importance à accorder à la langue et à la culture minoritaires. Au sein de la famille, cette prise de conscience n'est pas propre qu'à Annie. Lors de l'entrevue effectuée avec son frère François, ce dernier a insisté lui aussi sur sa fierté d'être francophone et d'appartenir à la culture française.

Le sens d'appartenance est un élément essentiel pour Annie. Selon elle, sans ce sens d'appartenance, une langue et une culture peuvent difficilement survivre. C'est important de faire partie d'un groupe, de développer des liens avec les membres du groupe. Le milieu familial dans lequel Annie a grandi a permis de développer ce sens d'appartenance. Non seulement ses parents ont-ils insisté sur l'importance de s'impliquer dans la francophonie, mais ses frères l'ont également fait et continuent de le faire même en étant éloignés du noyau familial. L'entourage d'Annie s'entend pour dire qu'elle a marché dans les traces de ses frères à l'école, en ce qui concerne sa participation aux activités parascolaires, en particulier en ce qui a trait au conseil étudiant et au théâtre. Elle-même reconnaît l'influence de ses frères dans sa vie.

Avec ses parents qui travaillent dans le monde de l'éducation, les ressources en français ont toujours été assez facilement accessibles pour Annie, en ce qui concerne le matériel (livres, journaux, revues) et les activités (théâtre, films) en français. Elle en tire donc profit. Dans certains domaines, elle montre cependant une préférence marquée pour l'anglais, comme pour la musique, par exemple. Annie reconnaît néanmoins l'importance de l'anglais dans sa vie de tous les jours et la difficulté de s'en tenir uniquement au français dans un milieu social anglo-dominant. Elle est consciente qu'il est facile de glisser vers la facilité et de ne parler que l'anglais. C'est la raison pour laquelle elle tente de faire le plus d'activités possibles en français.

Conclusion

Annie est une jeune fille très sensibilisée à la question minoritaire, même si elle se réclame d'une identité bilingue. Elle est, en effet, consciente des enjeux associés à la reproduction de la langue et de la culture françaises. Pour elle, la langue n'est pas seulement un moyen de communication, c'est le fondement même de la culture. Son positionnement peut s'expliquer par l'influence de son milieu familial et par le fait que dans la sphère privée, elle vit dans un environnement franco-dominant. Le français fait véritablement partie de son quotidien. Dans le cas d'Annie, non seulement vit-elle dans un milieu familial franco-dominant, mais elle est témoin, avec l'exemple de ses parents, qu'il est aussi possible de travailler dans cette langue. Le fait que ses parents exercent leur profession en français élargit ainsi la sphère d'utilisation de cette langue et la rend encore plus viable.

Dans ces conditions, le français ne représente pas que du folklore et son utilisation n'est pas, non plus, associée uniquement à l'école. C'est une langue d'action dans laquelle il est possible de vivre dans plus d'une sphère d'activités. Dans ce contexte, le rapport à la langue et à la culture prend un tout autre sens. D'où aussi l'importance pour Annie de les transmettre plus tard à ses enfants. Elle ne pourrait pas concevoir, en effet, de ne pas le faire.

Lorsqu'on examine les pratiques langagières d'Annie, on se rend compte qu'elle vit néanmoins, de façon quotidienne, à la frontière des deux langues et qu'elle traverse cette frontière dans plus d'une occasion.

Annie évolue dans un milieu familial et scolaire francophone situé dans un environnement social qui est anglo-dominant. Elle est donc amenée à se repositionner et à se redéfinir constamment par rapport à la place qu'occupent ces deux langues dans ses pratiques sociales et langagières.

PHILLIAS

Phillias a quinze ans en 1997. Il fréquente l'école catholique St-Laurent, où il est en 10e année. Le jeune homme est né dans le nord-ouest québécois. À deux ans et demi, il est déménagé pour une première fois dans la région de Toronto à cause du travail de son père, à l'emploi du gouvernement du Québec. Après un séjour de deux ans et demi dans cette région de l'Ontario, la famille de Phillias est retournée au Québec, pour finalement revenir en Ontario au début des années quatre-vingt-dix, toujours en raison du travail de son père. À son retour, Phillias était alors en troisième année à l'école élémentaire. Il vit avec son père, sa mère et son frère cadet.

La famille de Phillias

Le père et la mère de Phillias, Bertrand et Raymonde, sont tous les deux nés dans le nord-ouest québécois, où ils se sont d'ailleurs rencontrés. Bertrand a fait des études en administration dans une université francophone de la région de Montréal, pour ensuite décrocher un emploi de comptable agréé pour le compte du gouvernement du Québec, poste qu'il occupe depuis. Leur premier séjour dans la région de Toronto remonte à 1984. Ils avaient choisi de venir habiter en Ontario parce qu'ils voulaient connaître une nouvelle expérience, en plus de conditions d'emploi alléchantes. Le séjour ne pouvant pas être de plus de cinq ans, ils ont dû retourner au Québec. Le règlement du gouvernement québécois concernant les séjours hors-Québec ayant changé au début des années quatre-vingt-dix, la famille est revenue aussitôt qu'elle a pu dans la région de Toronto.

Au moment de l'étude, la mère de Phillias n'occupait pas d'emploi rémunéré. Avant son arrivée en Ontario, Raymonde avait cependant travaillé comme caissière dans une banque, pendant un certain nombre d'années. Cette dernière ne parlait pas l'anglais lorsqu'elle et sa famille sont arrivées dans la région de Toronto. Elle est donc allée suivre des cours. Elle a, par la suite, obtenu un emploi dans le domaine du télémarketing, à cause en grande partie, de sa connaissance du français. C'était un emploi bilingue. Avec ses nouvelles connaissances en anglais, elle avait pu, en effet, se qualifier pour l'emploi. Elle a également travaillé pour le gouvernement de l'Ontario.

Les parents de Phillias se considèrent des Québécois, même s'ils vivent en Ontario depuis plus de dix ans. Raymonde fait cependant remarquer qu'elle est très fière de parler deux langues. À la maison, la langue d'usage est le français. Alexis, le jeune frère de Phillias, avoue cependant qu'il parle parfois en anglais avec son frère. Bertrand ajoute qu'en ce qui concerne les activités de loisir, celles-ci se font généralement en anglais. On syntonise les chaînes de télévision de langue anglaise, par exemple. Les deux garçons font aussi partie d'équipes sportives anglophones. Selon les parents, cette situation ne leur apparaît pas problématique. Comme l'explique Bertrand, les activités dépendent de l'intérêt des enfants, non pas de la langue:

> Je pourrais peut-être ajouter qu'on enregistrait Phillias et Alexis dans des activités, dans des camps d'été durant les vacances d'été, mais ce n'était pas nécessairement en français. C'était en anglais, c'était dans les sports qu'ils préféraient pratiquer.
> (Ent. par. assoc. 8, MK, 1B, p. 3)

Bertrand et Raymonde n'entrevoient pas de demeurer dans la région de Toronto de façon permanente. Ils veulent éventuellement retourner vivre au Québec. Pour eux, leur séjour en Ontario aura représenté l'occasion de se familiariser avec une langue et une culture qu'ils connaissaient à peine à leur arrivée. Pour cette raison, les parents de Phillias ont toujours vu d'un bon œil que leurs fils profitent d'activités en anglais. Effectivement, leur séjour à Toronto s'est terminé en 1999, moment où Bertrand a été transféré à Montréal, où ils habitent à présent. Pour sa part, Phillias n'a pas suivi sa famille et il est resté à Toronto. La famille d'Annie l'a accueilli[2]. Avec l'accord de ses parents, le jeune homme a terminé ses études secondaires dans la région de Toronto.

Le jeune frère de Phillias, Alexis, avait douze ans au moment où nous l'avons rencontré. Il fréquentait alors l'ancienne école élémentaire de Phillias, où il était en 7e année. Interrogé sur la langue dans laquelle il se sentait le plus à l'aise, Alexis a nommé le français. Pourtant aux dires de sa mère, il semble que le frère de Phillias utilise beaucoup l'anglais, en fait plus que ne le fait Phillias. Elle croit que le fait qu'Alexis soit né en Ontario y est pour quelque chose. Ce dernier aurait été moins exposé au français, comparativement à Phillias qui a quand même passé les trois premières années de ses études élémentaires au Québec, en milieu franco-dominant.

---

[2] Le hasard a voulu qu'Annie soit la même jeune fille qui a également participé à la présente étude.

La vie scolaire de Phillias

Le jeune homme a toujours fréquenté l'école de langue française. Phillias a commencé l'école dans la région de Toronto, pendant le premier séjour de ses parents. Il a fait le jardin d'enfants et la maternelle dans une école de langue française. Il a fait sa première et sa deuxième année, ainsi qu'une partie de la troisième dans une école québécoise du nord-ouest de cette province, avant que la famille ne revienne vivre dans la région de Toronto. Le jeune homme a poursuivi le reste de ses études élémentaires à l'école de langue française Ste-Brigide. Lors de son retour en Ontario, son adaptation à son nouveau milieu de vie s'est bien passée, bien qu'il avoue que la première journée d'école ait été difficile, dû en grande partie au fait qu'il ne connaissait personne. Cependant, il s'est fait rapidement des amis. Les activités parascolaires de Phillias à l'école élémentaire ont été le ballon-volant et le hockey. Au Québec, le jeune homme pratiquait le patin artistique. Lorsqu'il est revenu en Ontario, il a décidé de concert avec ses parents de délaisser le patin artistique au profit du hockey. Pour l'adolescent, le choix de l'école secondaire n'a pas été difficile à faire. Il a décidé de suivre ses amis qui avaient choisi de venir à l'école catholique St-Laurent. Ses parents étaient d'accord avec son choix. Phillias fréquente donc la même école depuis son entrée en 9e année. Il aime l'école et les gens qu'il y côtoient. Il suit ses cours au niveau avancé et il obtient de bons résultats. Il est perçu par la majorité du personnel enseignant comme étant un élève tranquille, plutôt franco-dominant. Un enseignant cependant nous en dépeint le portrait contraire :

> Il [Phillias] se tient avec des jeunes qui parlent mieux l'anglais que le français, donc il leur parle en anglais. Honnêtement, je l'ai eu pendant un semestre, puis je ne me souviens pas de l'avoir entendu initier ou commencer une conversation en français avec quelqu'un. (Ent. ens. 5-8, DGL, 1B, p. 16)

En ce qui concerne ses pratiques langagières avec les autres élèves, Phillias passe facilement du français à l'anglais. Lorsqu'il était à l'école élémentaire, les échanges se faisaient davantage en français. Comme il le mentionne lors d'une entrevue :

> Je pense que moi je parlais toujours le français à l'élémentaire, comme de la troisième à la sixième, septième année avec mes amis. Parce que j'avais plusieurs amis avec qui je parlais français aussi. Mais, il y en avait d'autres qui étaient plus anglais. Et puis, je pense qu'avec toute la télévision, tout ce que j'écoutais, ça m'a rendu anglais. (Ent. 2, él. 8, DGL, 1B, p. 5)

Lorsqu'il était à l'école élémentaire, il s'est d'ailleurs vu attribuer le surnom de «Frenchie» par les élèves. Ce surnom l'a suivi à l'école secondaire, où plusieurs l'appellent encore de cette façon.

À l'école, Phillias utilise les deux langues avec les élèves, aussi bien ses amies et amis que les autres. Les notes d'observation montrent en effet que Phillias se retrouve très souvent à la frontière des deux langues et qu'il passe de l'une à l'autre aisément. Le groupe d'élèves avec qui il se tient a tendance à utiliser l'anglais, ce qui influence Phillias. Il n'y a que très peu d'élèves avec qui ce dernier converse uniquement en français. Comme avec Annie, selon le jeune homme, c'est plus facile de parler en français qu'en anglais lorsqu'ils échangent. Il ajoute que les élèves avec qui il parle en français sont généralement des filles. Il fait la remarque suivante à propos des garçons:

> Ils sont plus habitués à parler anglais, ou ben leurs parents sont anglophones. Peut-être à cause qu'ici c'est une école multiculturelle. Plusieurs de mes amis sont comme, libanais… ils sont plus habitués à parler anglais. (Ent. 3, él. 8, DGL, 1B, p. 7)

Il s'adresse toujours en français cependant aux membres du personnel de l'école. En ce qui a trait aux activités parascolaires, Phillias pratique le ballon-volant et le hockey. Concernant ce dernier sport, il fait d'ailleurs partie de deux équipes: celle de l'école et une autre au niveau municipal. À l'école, il dit bien s'entendre avec son entraîneur et ses coéquipiers.

À la fin de son cours secondaire, Phillias prévoit aller rejoindre sa famille à Montréal. Il désire poursuivre des études universitaires en français dans le domaine de l'informatique. Il ne sait pas encore s'il reviendra vivre en Ontario à la fin de ses études ou s'il demeurera plutôt au Québec.

Les amis de Phillias

Lors de l'entrevue de groupe, trois garçons ont accompagné Phillias. Ces jeunes vont à l'école avec lui et ils sont amis depuis le début de leurs études secondaires. Tous trois sont d'origines diverses, bien qu'ils soient tous nés au Canada (deux d'entre eux au Québec, et le troisième à Toronto). On retrouve un Iranien, un Arménien et un Haïtien. Ces amis se voient surtout dans le cadre des activités qui se tiennent à l'école, mais parfois aussi le soir ou la fin de semaine. Sauf dans le cas de Phillias, chacun possède un emploi à temps partiel. De son côté, le jeune homme doit consacrer beaucoup de temps au hockey pendant la fin de semaine. Dans ces conditions, il devient difficile pour eux de se voir souvent en dehors de l'école.

Ces jeunes ont choisi d'aller dans une école secondaire de langue française, parce qu'il y a moins d'élèves et que, selon eux, c'est plus sécuritaire que dans les écoles de langue anglaise. De plus, il est important pour eux d'étudier en français. Comme le souligne Jean-Philippe:

> C'était ma décision de venir à cette école, non seulement parce que mon frère a fréquenté l'école, mais aussi parce que je voulais améliorer, maintenir la langue française, parce que ça fait partie de ma culture, parce que Haïti c'est une colonie française et aussi la culture créole est basée aussi sur la France. Alors, j'ai décidé que je ne voulais pas perdre la langue. De plus, ça m'aidera dans le futur pour des emplois.
> (Ent. am. 8, DGL & SR, 1B, p. 9)

Enfin, ils ont choisi l'école St-Laurent du fait que c'est une école catholique.

Pour les amis de Phillias, la langue parlée à la maison varie d'une famille à l'autre. Dans le cas de Jean-Philippe, il parle à sa mère et à son frère en anglais, alors qu'il utilise le français avec son père. Dans le cas d'Antoine, il parle iranien et anglais avec son père, de même que français et anglais avec sa sœur et avec sa mère, originaire de France. Enfin, dans le cas de Serge, la langue d'usage à la maison est avant tout l'arménien et ensuite le français — qui est peu utilisée d'ailleurs. On constate donc la grande variété de langues utilisées au foyer.

Lorsqu'ils sont entre eux, les adolescents se parlent généralement en anglais et très peu souvent en français. En dehors des cours, par exemple, quand ils mangent ensemble le midi, la conversation se passe en anglais. Dans leurs activités à l'extérieur de l'école, c'est la même chose, l'anglais est la langue dominante. Jean-Philippe en parle en ces termes:

> Aux danses et les choses comme ça, la musique, c'est anglais. Aussi, le fait que c'est, la majorité de nous on s'exprime plus facilement en anglais, parce qu'on est dans une ville anglaise. Alors quand on sort, quand on sort de la maison, on parle en anglais, alors ça facilite la tâche.
> (Ent. am. 8, DGL & SR, 1B, p. 13)

Parce qu'ils sont passablement occupés pendant la fin de semaine, c'est surtout le vendredi soir après l'école que les adolescents se rencontrent pour une sortie, la seule souvent de la fin de semaine. Dans bien des cas, ils vont au cinéma ou au restaurant. Ils se rencontrent parfois pour souligner des anniversaires. Pendant l'été, même si les rencontres se font plutôt rares, Phillias garde contact avec ses amis. Ils se téléphonent et ils communiquent entre eux par courrier électronique.

En ce qui concerne les projets d'avenir du groupe d'amis, les jeunes gens veulent poursuivre des études universitaires. Pour Serge, ce sera à Montréal, mais il ne sait pas encore si ce sera en français ou en anglais. Pour Jean-Philippe et Antoine, ce sera probablement dans la région de Toronto, en anglais.

Les activités de Phillias

Lorsqu'il était plus jeune et qu'il habitait au Québec, Phillias appartenait à un club de natation. Il s'est aussi adonné au soccer. Lorsqu'il est revenu en Ontario, il a commencé à jouer au hockey, tout en continuant à jouer au soccer. Au moment de l'étude, le hockey constituait l'activité la plus importante menée par Phillias, tant à l'école qu'à l'extérieur de l'école. Il a cependant dû arrêter de jouer pour l'équipe municipale lorsqu'il est allé habiter chez Annie, car il n'y avait personne pour le reconduire à ses pratiques et à ses parties, qui se tenaient à divers endroits dans la ville et les banlieues. Il pense recommencer à jouer au hockey lorsqu'il déménagera à Montréal. À l'école, il a continué à jouer au hockey et il s'est adonné au football. Il a avoué cependant faire moins d'activités depuis que ses parents sont à Montréal, et lui, dans la famille d'Annie. Il dit passer beaucoup de temps à faire ses travaux scolaires, afin d'assurer son entrée à l'université. Selon lui, le temps lui manque pour faire du sport.

Phillias ne travaille pas à temps partiel pendant l'année scolaire — sauf pour garder des enfants à l'occasion. Il a toutefois eu un emploi d'été en 1999. Il a travaillé avec le frère d'Annie comme agent de promotion dans des magasins franchisés de la région d'Ottawa et de Montréal. L'expérience a été à ses yeux très valable et elle lui a fait réaliser l'importance de pouvoir parler le français et l'anglais, un grand atout sur le marché du travail.

Le point de vue de Phillias sur la langue et la culture françaises et son rapport à l'identité

Lorsque Phillias a répondu au sondage de 1997 sur les habitudes linguistiques, il avait indiqué qu'il se percevait comme francophone. Trois ans plus tard, le jeune homme s'interroge sur son appartenance linguistique et culturelle. Il s'est en effet rendu compte que l'anglais occupe une place relativement importante dans sa vie de tous les jours. Que ce soit les émissions de télévision qu'il regarde, la musique qu'il écoute, les échanges avec ses amis et avec les élèves de l'école, tout montre que l'influence de l'anglais est grande dans la vie de Phillias.

Par ailleurs, la langue d'usage dans son milieu familial demeure le français et c'est la même chose dans la famille d'Annie. Le jeune homme a cependant pris conscience qu'il se trouve constamment à la frontière des deux langues et que, de façon générale, il privilégie l'anglais, surtout en présence de ses amis. Cette prise de conscience a amené Phillias à réfléchir à son identité. Il se considère maintenant davantage comme étant bilingue, étant donné que l'anglais est la langue dans laquelle il poursuit une grande partie de ses activités. La réflexion suivante illustre bien le caractère contradictoire du positionnement de Phillias en ce qui concerne la langue et la culture françaises :

C'est bizarre, à cause, je me considère francophone et puis tout ça là, je suis francophone oralement, mais comme, visuellement je suis plus anglophone, bilingue anglophone, parce que j'aime mieux écouter des shows anglais.
(Ent. 5, él. 8, DGL & SR, 1B, p. 14)

Phillias n'est cependant pas le seul jeune francophone en milieu minoritaire qui vit à la frontière des deux langues. Le discours qu'il tient sur son appartenance identitaire indique qu'il se questionne sur la place qu'occupe la langue et la culture françaises dans sa vie, ce que ne font pas nécessairement tous les jeunes dans sa situation.

Pour Phillias, le fait de demeurer dans un milieu social anglo-dominant influence grandement le choix de la langue d'usage. Plusieurs des discussions qui ont eu lieu au cours des entrevues ont porté sur le contexte socio-politique avec lequel Phillias doit composer sur une base journalière. La difficulté de vivre comme francophone a d'ailleurs été relevée à plusieurs reprises par l'adolescent. Suite à une question d'entrevue portant sur les raisons d'utiliser l'anglais même entre francophones, Phillias a répondu ce qui suit :

Peut-être que c'est à cause d'avoir vécu tellement longtemps à [ville]… Moi, j'ai vécu huit ans ici, et deux ou trois ans au Québec. Comme, je suis plus confortable à parler l'anglais ici que parler français, à cause que tout le monde autour parle en anglais, puis je pense que je ne me sens pas confortable si je parle en français. Toutes les choses autour de moi m'influencent à parler en anglais aussi. (Ent. 3, él. 8, DGL, 1B, p. 5)

Phillias ajoute cependant qu'il est important de conserver la culture française, héritage qui n'a pas de prix à ses yeux — affirmation pour le peu contradictoire, étant donné la place de choix de l'anglais dans la vie de ce jeune homme. En effet, rien dans les agissements du jeune homme ne porte à croire qu'il tienne compte de cette culture dans sa vie quotidienne. Son rapport à la langue et à la culture françaises est ambigu, étant donné que le discours tenu par Phillias correspond difficilement à ses pratiques.

Il n'en reste pas moins que Phillias est perçu par plusieurs à l'école — dont les enseignantes et les enseignants — comme étant un francophone convaincu, c'est-à-dire quelqu'un qui vit la majorité de son temps en français. Il semble cependant que l'utilisation de l'anglais est maintenant une pratique courante chez Phillias, et ce, au détriment du français dans bien des cas.

Conclusion

Les données recueillies indiquent que le rapport à la langue varie chez Phillias. Comme beaucoup d'autres jeunes qui vivent en milieu francophone minoritaire, il fait un usage circonstanciel du français, ce qui le place constamment à la frontière des deux langues. Dans ce sens, son rapport à la langue n'est ni statique, ni linéaire, mais se trouve en continuelle mouvance. Durant les trois années de l'étude, selon Phillias, ce dernier est passé de francophone à bilingue. Selon les circonstances, une des deux langues domine et c'est souvent l'anglais, même si Phillias insiste sur l'importance de la langue française.

Que signifie ces pratiques langagières pour le jeune homme? Quel est leur impact sur le processus de construction identitaire? Par exemple, doit-on conclure que Phillias se dirige inévitablement vers l'assimilation au groupe anglophone dominant? Ou doit-on plutôt comprendre que ce phénomène de mouvance peut mener à de nouvelles formes identitaires. Dans le cas de Phillias, comme pour les autres adolescentes et adolescents qui ont participé à l'étude, le parcours identitaire n'a pas été tracé d'avance, pas plus qu'il n'est statique et dans ce contexte, la notion de mouvance s'applique donc parfaitement. Le discours tenu par Phillias sur son rapport à la langue et à la culture françaises indique une prise de conscience de la part du jeune homme des enjeux associés à la francophonie minoritaire. Ce qui me semble bien loin de l'assimilation complète au groupe anglophone dominant, même si Phillias reconnaît lui-même vivre plus en bilingue qu'en francophone. Le même raisonnement s'applique d'ailleurs dans le cas de plusieurs des jeunes qui ont participé à l'étude.

Dans la troisième partie du présent ouvrage, le chapitre 5 sera d'ailleurs consacré à l'analyse des données qui viennent d'être présentées à travers les portraits identitaires des jeunes participantes et participants. Par la suite, je jetterai un bref coup d'œil sur le processus de recherche et sur l'impact qu'il a eu sur les jeunes qui ont participé à l'étude.

TROISIÈME PARTIE

CHAPITRE 6
UN RAPPORT COMPLEXE À L'IDENTITÉ

On constate, à la lecture des portraits précédents, que les adolescentes et les adolescents qui ont participé à l'étude ont, tout compte fait, beaucoup en commun, et ce, peu importe la région de la province où ils et elles habitent. Ce qui m'a étonnée d'ailleurs. Je m'attendais à beaucoup plus de différences régionales que ne l'ont montrées les résultats de l'étude. Je croyais en effet que le discours des jeunes sur leur rapport à la langue et à l'identité serait plus contrastant qu'il ne semble l'être en réalité.

On aurait pu penser en effet que dans la région d'Ottawa, par exemple, les jeunes auraient vécu davantage comme francophones, comparativement à ceux qui habitent une région aussi minorisée que celle de Toronto. Que ces mêmes jeunes auraient tenu un discours qu'on pourrait qualifier de «majoritaire», où l'identité s'inscrit à l'intérieur de paramètres bien définis, où l'influence anglo-dominante se trouve, jusqu'à un certain point, mise en échec. On aurait pu penser également que les jeunes de la région de Toronto auraient eu davantage tendance à s'identifier à la majorité anglophone sans se questionner sur leur appartenance de groupe. Or, il s'avère que la conception que se font ces deux groupes de jeunes de leur rapport à l'identité et de leur positionnement face à la langue et à la culture françaises est très semblable. L'analyse des résultats a mené à trois constats.

Le premier est que, tous et toutes, à l'exception de Mathieu, disent posséder une identité bilingue. Mais contrairement à ce qu'on pourrait penser, le discours tenu par les jeunes indique que cette notion est beaucoup plus complexe qu'elle ne le laisse paraître. Elle est en effet interprétée de plusieurs façons par les jeunes qui ont participé à l'étude et elle n'est pas, non plus, nécessairement synonyme d'assimilation. Leur discours indique en effet un rapport à la langue et à la culture françaises qui varie selon les individus, allant d'un sens profond d'appartenance à un rejet à peu près complet de la francophonie. Prenons, par exemple, Annie et Pierre. Même si tous les deux disent posséder une identité bilingue, ils ne conçoivent pas leur rapport à la langue et à la culture françaises de la même façon. Ils sont, à proprement parler, aux antipodes. Dans son discours, Annie montre très clairement ses convictions profondes face à la francophonie, alors qu'au contraire Pierre favorise une alliance avec le groupe majoritaire et un rejet en quelque sorte du groupe minoritaire. Les résultats de la présente étude montrent également que le rapport à l'identité n'est pas statique. Phillias, par exemple, a fait une réflexion personnelle tout au long de l'étude qui l'a amené à se repositionner dans sa façon de concevoir son rapport à la langue et à la culture françaises. Mathieu, de son côté, a réalisé que pour les francophones en milieu minoritaire, les enjeux sont grands et qu'il est nécessaire de prendre davantage position en faveur de la langue et de la culture françaises.

Le positionnement des individus face à leur appartenance de groupe dépendra des rapports de force dans lesquels ils évoluent sur le plan structurel. Les pratiques langagières se trouvent fortement influencées par la réalité ambiante qui, de son côté, est fondée sur des rapports inégalitaires entre majoritaires et minoritaires, où l'anglais demeure la langue dominante, la langue du pouvoir. Sur le plan individuel, ce positionnement a un impact à deux niveaux: sur son propre parcours identitaire et en même temps, sur la formation de l'identité collective du groupe francophone minoritaire.

Ce rapport à la langue et à la culture représente, de plus, un phénomène qui se trouve en perpétuelle mouvance parce qu'il est influencé par plusieurs facteurs sociaux, dans des contextes particuliers. Dans la présente étude, c'est par le biais de deux instances spécifiques, soit le milieu familial et le groupe d'amis et amies, que cette influence s'est faite le plus sentir. En ce qui concerne le milieu familial, c'est le premier lieu social où le processus de reproduction linguistique et culturelle se manifeste, où le processus de construction identitaire chez l'individu s'amorce. C'est donc un lieu de haute influence sur la façon dont les enfants vont développer leur rapport à la langue et à la culture.

En ce qui concerne de son côté le groupe d'amies et amis, il ne faut pas se surprendre de son influence, puisque c'est souvent à travers cette instance que les jeunes remettent en question les valeurs véhiculées au sein de la famille. En parlant spécifiquement de leurs pratiques langagières, les jeunes participantes et participants se sont entendus pour dire que l'usage de la langue dépend en grande partie de la situation dans laquelle on se trouve. Par exemple, on a souvent mentionné que la langue d'usage est déterminée par la personne qui commence la conversation; ou encore, qu'en public, on utilise plutôt la langue majoritaire parce qu'on ne veut pas se faire remarquer. Je reviendrai sur ces exemples plus loin dans l'analyse.

Le deuxième constat auquel je suis arrivée dans mon analyse est le suivant: tous les jeunes sont fortement influencés par les valeurs véhiculées par la majorité anglophone. Par conséquent, ces adolescentes et ces adolescents se retrouvent ainsi au cœur même de rapports sociaux dialectiques complexes avec lesquels il est parfois difficile de composer. Par exemple, lorsqu'on arrive à l'école de langue française, il faut se comporter en francophone quand on en franchit les portes, alors que cinq minutes auparavant, on interagissait peut-être en anglais en marchant à l'école, en parlant d'un film qui vient de sortir ou du dernier disque d'un groupe américain connu.

Enfin, le troisième constat porte sur la notion de la valeur marchande du français. Cette notion de valeur marchande se trouve souvent liée au discours que tiennent les jeunes sur l'importance de parler français. La langue possède, dans ce contexte, une valeur utilitaire importante pour eux. Valeur qui se trouve d'ailleurs elle-même renforcée dans le discours officiel du milieu scolaire minoritaire de langue française, où l'on insiste sur les retombées positives de l'apprentissage du français dans le contexte de la nouvelle économie mondiale.

Ces constats s'avèrent des plus intéressants étant donné qu'ils portent sur deux groupes de jeunes qui vivent, comme je l'ai mentionné au début de ce chapitre, des réalités régionales différentes en ce qui a trait au phénomène de minorisation. Pourtant, leur discours renferme les mêmes éléments, bien que l'analyse des données fasse ressortir certaines particularités propres à chaque groupe. Je reprendrai maintenant ces trois constats un à un.

1 LA NOTION D'IDENTITÉ BILINGUE

Revenons d'abord brièvement aux résultats du sondage effectué auprès des élèves de 10e et 11e année des écoles St-Laurent et Vigneault. D'après les données recueillies, la grande majorité des élèves des deux écoles a dit posséder une identité bilingue — soit 89,7 % à l'école St-Laurent et 83 % à l'école Vigneault. Ces résultats vont donc dans le même sens que ceux d'études effectuées au cours des dernières années par d'autres chercheurs et chercheures qui s'intéressent à la réalité du milieu francophone minoritaire (Bernard, 1990, 1998; Boissonneault, 1996; Heller, 1999). Dans

Le Canada français: entre mythe et utopie, paru en 1998, Bernard, en faisant référence à la notion d'identité bilingue, exprimait ce qui suit:

> L'ampleur du phénomène montre très bien que la double appartenance linguistique est en train de prendre forme et qu'il ne s'agit plus d'une réalité marginale. Cette bilingualité fait partie de la francophonie ontarienne[...] Il ne s'agit pas d'un dualisme communautaire, mais d'une nouvelle forme de bilinguisme et de biculturalisme individuel à l'intérieur même de la francophonie canadienne (p. 82).

Sept des huit adolescentes et adolescents qui ont participé au volet etnographique de l'étude dont il est ici question ont déclaré posséder une identité bilingue (même trilingue dans deux cas). Il n'y a que Mathieu qui a choisi de s'identifier comme un unilingue francophone.

Comme d'autres chercheurs l'ont fait avant moi, je pourrais facilement conclure que ces jeunes contribuent à leur façon à une mort lente, mais assurée, des francophones qui vivent en milieu minoritaire. En effet, la tentation est forte de prendre une attitude alarmiste et de décréter qu'un tel positionnement va mener indubitablement à l'assimilation complète au groupe majoritaire anglophone. Si je reviens à l'analyse de Bernard (1998) portant sur la francophonie ontarienne et le phénomène de bilinguisation, l'auteur parle en termes d'un «bilinguisme asymétrique anglo-dominant» (p. 155), où le français devient en quelque sorte la langue seconde. Ce qu'il dit n'est pas nécessairement tout à fait faux, mais je répondrais qu'il faut faire ici certaines nuances. Je crois en effet qu'il faut dépasser cette attitude défaitiste pour se rendre compte que la notion d'identité bilingue est un phénomène beaucoup plus complexe que ne semble le montrer l'analyse réductionniste de plusieurs études quantitatives qui ont été faites jusqu'à présent sur le sujet.

À mon avis, il faut éviter de conclure qu'une identité bilingue est nécessairement anglo-dominante, ou même si c'est le cas, qu'elle va mener indéniablement à l'assimilation à la majorité anglophone. Le rapport à l'identité est complexe et nous devons reconnaître ici l'existence d'un phénomène de mouvance où les positionnements ne sont peut-être pas toujours clairement articulés, mais où le sens d'appartenance à la francophonie est loin d'être absent du discours des jeunes qui vivent en milieu minoritaire, du moins dans le cas des participantes et des participants à la présente étude. Les résultats viennent effectivement en démontrer le contraire. Les témoignages des jeunes présentés dans les portraits identitaires des deux chapitres précédents illustrent bien mon propos.

La première chose qu'on peut dire par rapport à la complexité du phénomène de l'identité bilingue (et je l'ai d'ailleurs déjà fait dans le chapitre 3), c'est que la langue dominante chez ces jeunes bilingues n'est pas la même: chez ceux et celles de la région d'Ottawa, le français est présenté comme étant la langue dominante, alors que chez ceux et celles de la région de Toronto, c'est l'anglais. Être bilingue ne signifie donc pas nécessairement qu'on privilégie davantage l'anglais.

En ce qui concerne la différence entre les régions pour ce qui est de la langue dominante, ce phénomène peut s'expliquer de la façon suivante: comme l'Est de l'Ontario est la région de la province où l'on retrouve la plus grande concentration de francophones (Allaire, 1999; Gilbert,1999) et qu'elle se trouve à proximité du Québec, ce serait plus facile d'y vivre en français, même si l'on reconnaît que le phénomène d'anglicisation y est quand même présent. Pour leur part, les francophones qui habitent dans la région de Toronto font face à une réalité où il s'avère difficile de vivre en français au quotidien. Ils se retrouvent ainsi dans un contexte plus fortement minorisé, comparativement aux francophones qui vivent dans la région d'Ottawa.

Deuxièmement, l'analyse des données m'amène à conclure que même si les deux langues cohabitent et que l'anglais occupe parfois une place de choix (certains et certaines diront même une trop grande place de choix) auprès de ces jeunes, je ne crois pas, d'après les propos recueillis auprès des participantes et des participants du volet ethnographique, et même dans le cas où l'anglais s'avère la langue dominante, que l'on puisse conclure à un rejet total d'un sens quelconque d'appartenance à la francophonie. Le discours tenu par Élizabeth, par exemple, montre bien une certaine préoccupation en ce qui concerne le maintien de la langue et la culture françaises. Bien entendu, dans le cas de Pierre, cette préoccupation est absente de son discours.

1.1 Le rapport à l'identité

Donc, dans les propos tenus, se prévaloir d'une identité bilingue ne signifie pas que l'on rejette la langue et la culture françaises pour autant. Les expériences vécues par les jeunes et la façon dont ils et elles se positionnent sur les questions d'appartenance indiquent un discours sur l'identité qui s'avère varié et qui met en évidence le caractère de mouvance associé à ce concept. Si l'on décortique la notion d'identité bilingue, on se rend vite compte qu'elle n'entrave en rien, pour plusieurs des jeunes interrogés, un attachement véritable à la langue et à la culture françaises. Attachement qui s'avère profond pour certains, plus faible pour d'autres, mais dont il faut cependant tenir compte lorsque l'on tente de mieux comprendre ce qu'une identité bilingue signifie concrètement. J'aimerais ajouter également que pour ces jeunes aux parcours identitaires multiples, leur rapport à la langue et à l'identité n'est pas simplement émotif, mais qu'il se fonde sur une lecture intellectuelle du contexte social dans lequel se développe ce rapport (Breton, 1984). Par exemple, les participantes et les participants ont compris depuis longtemps qu'il était difficile de vivre comme francophones dans des sphères autres que celles de la famille et de l'école, à cause de l'absence d'une infrastructure au niveau des services en français et du manque de reconnaissance officielle de la francophonie en milieu anglo-dominant.

Dans les pages qui suivent, je me pencherai sur le caractère complexe que revêt la notion d'identité bilingue en tentant, par le biais du discours tenu par les jeunes, de décortiquer le sens que ces derniers lui accordent. J'espère montrer à quel point certains de ces jeunes bilingues ont profondément à cœur le maintien de la langue et de la culture françaises et que, de plus, ils possèdent un sens d'appartenance marqué pour la francophonie. L'exercice a également pour objet de montrer la fluidité d'une telle notion, son caractère mouvant et de remettre ainsi en question l'absolu que certains spécialistes des études minoritaires ont prêté au concept d'identité bilingue au cours des dernières années. Autrement dit, je vais tenter de démontrer qu'une identité bilingue ne signifie pas nécessairement l'assimilation au groupe dominant, en l'occurrence ici, à la majorité anglophone.

Pour certains des adolescentes et des adolescents interrogés, un profond sentiment d'appartenance à la francophonie constitue en effet la toile de fond du discours qu'ils et elles entretiennent sur l'identité. Dans ce discours, on peut être effectivement profondément attaché à la francophonie tout en affichant une identité bilingue. L'exemple le plus frappant est sans aucun doute celui d'Annie, qui est habitée par un profond sentiment d'appartenance à la francophonie. Même si cette dernière a révélé posséder une identité bilingue et même si elle vit dans une région fortement minorisée, la jeune fille insiste sur l'importance à accorder au fait français dans sa vie. Il n'est donc pas ici question de références folkloriques à une langue et à une culture en voie de disparition. C'est une façon de vivre qu'il est important de privilégier dans la vie quotidienne, tant au niveau des activités que dans sa façon de penser. Ce qu'Annie explique d'ailleurs de la façon suivante:

> Je dis que moi je suis bilingue parce que je vis dans un milieu anglophone, puis je connais la langue. Mais là-dedans [pointant

vers la tête], je suis francophone. Comme la langue française va passer avant la langue anglaise pour moi dans la vie.
(Rencontre à Toronto, octobre 1999, p. 55)

La participation de cette jeune fille à de nombreuses activités francophones démontre de sa part un solide engagement à la francophonie, et ce, aussi bien à l'école que dans ses autres sphères d'activités. Comme Annie l'a exprimé à plusieurs reprises, la francophonie lui tient à cœur, parce que pour elle, c'est le groupe auquel elle appartient et dont les membres forment une «communauté d'histoire et de culture» (Cardinal, 1994). Ce qui ne l'empêche pas pour autant d'utiliser l'anglais à plusieurs reprises dans une même journée, souvent parce qu'elle s'y pense obligée, mais parfois aussi parce qu'elle choisit de le faire — lorsqu'elle s'entretient avec ses amies et amis par exemple.

Le discours de Mélodie va dans le même sens que celui d'Annie, même si le sentiment d'appartenance se traduit quelque peu différemment chez la jeune musicienne. Il n'en demeure pas moins que Mélodie connaît parfaitement elle aussi les enjeux associés à la minorité francophone canadienne. C'est d'ailleurs souvent sur le respect des droits des francophones que son discours va porter. Sa participation à certaines des manifestations contre la fermeture de l'hôpital Montfort en constitue un exemple. Pourtant Mélodie, tout comme Annie, fait un usage quotidien de l'anglais, même si le français demeure pour elle la langue dominante.

Puis, on retrouve Pierre, pour qui la langue et la culture françaises signifient peu, d'après ses dires. À part le fait qu'il fréquente une école de langue française, le jeune homme avoue n'accorder que très peu d'importance à la langue et à la culture minoritaires dans sa vie, pour lesquelles il dit ne pas ressentir de véritable attachement. Il ne voit en fait aucune utilité immédiate à cette langue dont l'utilisation se limite pratiquement au contexte scolaire. Il s'en sert peu dans les autres sphères de sa vie. Même à la maison, la langue d'usage est souvent l'anglais. Pourtant, tout comme Annie et Mélodie, il s'identifie comme étant bilingue. Contrairement aux deux jeunes filles, cependant, le discours de Pierre indique clairement un sens d'appartenance au monde anglophone, dans lequel il dit se sentir plus à l'aise. On remarque que les activités de Pierre se passent en très grande partie en anglais, que ce soit dans le contexte des sorties avec ses amies et amis ou de son emploi à temps partiel. D'après les propos du jeune homme, le français ne possède à ses yeux qu'une valeur utilitaire dont il bénéficiera plus tard, lorsqu'il entrera sur le marché du travail. Propos qui sont tenus également par sa mère d'ailleurs. Je reviendrai d'ailleurs sur la valeur marchande du français plus loin dans mon analyse.

Pour les autres, c'est-à-dire Élizabeth, Gabrielle, Leslie et Phillias, leur discours montre une préoccupation pour la question identitaire, bien qu'à des degrés différents. On sent par exemple chez Phillias qu'une prise de conscience s'est opérée pendant la tenue de l'étude en ce qui concerne son positionnement par rapport à la langue et à la culture françaises. Ce dernier s'interroge sur son propre parcours identitaire et il tente de comprendre la position qu'il occupe à la frontière des mondes francophone et anglophone. Il se rend compte que sa position est quelque peu contradictoire, mais il éprouve de la difficulté à en comprendre le sens.

Élizabeth, de son côté, dit se sentir plus à l'aise dans le monde anglophone, même si elle accorde une valeur sentimentale à la langue et à la culture françaises. Le sentiment d'insécurité linguistique en français qu'elle dit éprouver favorise sans doute l'usage de l'anglais dans ses échanges. Pourtant, les occasions de parler français pour la jeune fille existent, puisque c'est la langue d'usage de son père à la maison.

Enfin, Gabrielle et Leslie reconnaissent elles aussi l'importance de conserver la langue et la culture. Elles insistent sur le fait que la langue et la culture constituent un héritage qu'il faut sauvegarder pour les générations à venir. Cette position ne les empêche pas de passer aisément d'une frontière linguistique à l'autre dans leurs pratiques langagières quotidiennes.

Ce rapport complexe à l'identité n'est pas exclusivement réservé à ces participantes et participants. Nous verrons en effet, un peu plus loin, que cette même complexité par rapport à leur positionnement identitaire se retrouve aussi dans le discours entretenu par leurs amies et amis.

Pourtant, et je tiens à le répéter, la très grande majorité de ces jeunes se réclament d'une identité bilingue. Leur positionnement face à la langue et à la culture françaises indique cependant des variations intéressantes, qui doivent être prises en considération si l'on veut arriver à mieux saisir la notion d'identité bilingue, à la fois à titre de construction et de représentation sociales, deux éléments étroitement liés qui influencent le positionnement des individus et, par le fait même, leurs parcours identitaires. Nous verrons, dans la section suivante, comment le milieu familial contribue au positionnement des participantes et des participants et de quelle façon il influence leur parcours identitaire.

1.2 L'influence du milieu familial

En ce qui a trait au positionnement des individus, on constate le rôle important du milieu familial dans le processus de construction identitaire des jeunes. Comme je l'ai expliqué précédemment, la présente analyse a pris comme point de départ que l'identité se construit à travers les multiples rapports sociaux qui ont cours entre individus, rapports qui sont initiés, de façon générale, dans le milieu familial (Juteau-Lee, 1983; Juteau, 1999), d'où l'importance de cette instance dans la présente étude. En parlant du milieu familial, Allaire et Fedigan (1993) expliquent que son «influence reste prédominante jusqu'au moment de la rencontre continue du monde extérieur, jusqu'à la formation du groupe des pairs…» (p. 675). Landry et Allard (1997), en se référant à un rapport de la Commission nationale des parents francophones, paru en 1994, portant sur les francophones à l'extérieur du Québec, présentent des statistiques qui comparent le niveau d'utilisation du français dans les foyers endogames et exogames, c'est-à-dire dans les foyers où les deux parents sont francophones, et dans les foyers où l'un des parents est francophone et l'autre est anglophone. Les auteurs arrivent à la conclusion suivante:

> Parmi les enfants de 0 à 4 ans qui sont des ayants-droit (qui ont droit de recevoir leur instruction dans la langue de la minorité officielle, en l'occurrence ici en français) à l'école française, 92% utilisent le français à la maison lorsqu'ils ont deux parents francophones, mais seulement 17% des enfants parlent français à la maison lorsqu'un seul parent est francophone. Ces pourcentages sont respectivement de 85% et de 11% chez les ayants-droit de 5 à 17 ans (p. 564).

On peut donc facilement reconnaître l'impact sur les enfants des pratiques langagières et culturelles qui ont cours dans le milieu familial. Les données examinées révèlent que même dans les familles endogames, l'utilisation de l'anglais a cours, bien que cela ne représente qu'un faible pourcentage, dans le cas des enfants de 0 à 4 ans. Notons cependant que le pourcentage double lorsqu'on parle des enfants d'âge scolaire — aux niveaux élémentaire et secondaire. On peut donc conclure que le phénomène d'anglicisation n'épargne personne, même si ses effets se font sentir à une plus petite échelle dans les familles où les deux parents sont francophones. Les enfants d'âge scolaire sont ainsi davantage exposés à la langue anglaise et seront plus susceptibles de s'en servir. Comme on l'entend souvent, dans le contexte francophone minoritaire, «l'anglais, ça s'attrape».

Dans ces conditions, l'influence exercée par la famille sur des pratiques langagières va bien au-delà de la petite enfance. Son rôle demeure encore crucial dans la façon dont se dessine les parcours identitaires des individus, même au moment de l'adolescence, bien qu'il faille reconnaître que le processus de socialisation primaire qui prend place au sein de la famille est plus intense pour les enfants en bas âge. L'influence continue quand même de faire son effet même lorsque les enfants sont plus âgés. Par exemple, parmi les jeunes qui ont participé à l'étude, ceux et celles dont le milieu familial privilégie l'usage du français dans les rapports langagiers quotidiens semblent tenir un discours qui insiste davantage sur l'importance à accorder à la langue française, comparativement aux élèves qui vivent dans un environnement familial où le français côtoie l'anglais, ou d'autres langues maternelles de façon quotidienne, comme c'est le cas de Pierre et d'Élizabeth.

Néanmoins, tous les parents que nous avons rencontrés ont quand même insisté sur l'importance de la langue française, bien que ce soit pour deux raisons différentes. La première porte sur l'avantage économique d'être bilingue et la valeur utilitaire de pouvoir parler les deux langues officielles. Cela facilite en effet l'accès au marché du travail. La deuxième raison évoquée est plus viscérale et porte davantage sur l'importance de développer un sentiment d'appartenance à la communauté minoritaire. Dans ce contexte, la langue française devient un outil essentiel puisque c'est par elle que la culture française est véhiculée. C'est en fait la langue d'un peuple dont il faut conserver les droits, droits qui ont d'ailleurs été acquis souvent par le biais de luttes acharnées. Cette deuxième raison possède un caractère beaucoup plus engagé que la première.

Dans les familles où il existe un degré élevé de sensibilisation à la réalité francophone minoritaire, le discours des jeunes présente souvent un caractère davantage politique, comme dans le cas de Mélodie et d'Annie, par exemple. Dans les familles où on insiste plutôt sur la valeur marchande du français, l'attachement à la langue et à la culture minoritaires de la part des enfants s'avère moindre et parfois même inexistant, comme dans le cas de Pierre. Même si son père est francophone et sa mère est anglophone bilingue, la langue d'usage à la maison est souvent l'anglais, surtout lorsque tous les membres de la famille sont réunis. L'anglais est aussi la langue que Pierre parle avec sa jeune sœur. Tout au long de l'entrevue avec les parents de Pierre, c'est surtout la valeur marchande du français qui a été soulevée et qui a fait l'objet des discussions. Les parents considèrent vivre dans un monde bilingue, où la connaissance des deux langues est essentielle de nos jours afin d'être compétitif sur le marché du travail, comme l'a fait remarquer la mère de Pierre :

> Pour moi, le français a une grande place dans ma vie et dans la vie des enfants. J'ai toujours travaillé dans un milieu bilingue ou même dans un milieu plutôt français, donc… j'imagine si les enfants restent autour d'ici ils vont être dans la même position… ils vont avoir plus d'occasions d'avoir de bons emplois… (Ent. par. 2-3, DGL, 1A, p. 20)

Par ailleurs, le père de Pierre insiste sur l'importance pour ses enfants de développer une fierté du fait de pouvoir parler deux langues, de posséder cette connaissance technique du français et de l'anglais. Dans le cas des deux parents, leur discours ne porte en aucune façon sur l'importance du français comme valeur culturelle et symbolique. C'est plutôt de son caractère utilitaire dont il est question.

Pour le père d'Élizabeth, il est essentiel de pouvoir communiquer dans les deux langues dans une province comme l'Ontario, particulièrement dans la région de Toronto, où lui et sa famille habitent. Il considère donc le bilinguisme d'Élizabeth comme étant un avantage, étant donné qu'il éprouve lui-même encore de la difficulté à s'exprimer en anglais. Il tient cependant à ce qu'Élizabeth s'adresse à lui en français.

En ce qui concerne la deuxième raison, soit l'importance de développer un sens d'appartenance à la communauté francophone et de faire valoir ses droits linguistiques, celle-ci est évoquée par plusieurs parents, de même que par quelques les élèves qui disent posséder une identité bilingue. Prenons l'exemple de Mélodie, dont les parents sont des militants de longue date. Même si la jeune fille passe aisément d'une frontière linguistique à l'autre pendant ses activités quotidiennes, il n'en demeure pas moins qu'elle connaît bien les enjeux liés à la francophonie ainsi que le danger d'assimilation qui guette ce groupe. Dans son discours, elle insiste sur l'importance de reconnaître et de maintenir les droits des francophones qui vivent à l'extérieur du Québec. Par exemple, il est important pour Mélodie que les francophones fréquentent les écoles de langue française. Selon elle, si les effectifs scolaires ne se maintiennent pas, les francophones devront faire face à la fermeture éventuelle de certaines de leurs écoles.

Dans la famille d'Annie, les convictions et le sens d'appartenance à la francophonie sont également profonds. Chez les parents d'abord, leur participation assidue aux activités en français et leur prise de position en faveur de l'utilisation du français dans les pratiques langagières de leurs enfants montrent bien l'importance pour eux de vivre en français. Chez les frères d'Annie, qui, depuis qu'ils sont tout jeunes ont servi d'exemples à la jeune fille, leur participation à plus d'une activité en français et leur façon de vivre au quotidien la langue et la culture françaises démontrent un profond sentiment de fierté par rapport au fait de parler et de vivre en français. Contrairement à bien des jeunes dans sa situation, François, le frère d'Annie, dit n'avoir jamais souffert d'insécurité linguistique. Comme il l'explique lui-même, c'est grâce à ses parents qu'il est arrivé à développer ce sentiment de fierté:

> Ça vient pas mal beaucoup de la famille c'est des valeurs qui faut
> qui soient transmises par les parents... c'est ce background-là
> qui t'aide à obtenir cette fierté-là.
> (Ent. fr., él. 7, DGL & SR, 1B, p. 12)

Les parents de Gabrielle sont également très conscients de l'importance à accorder aux droits des francophones. La participation de la mère de Gabrielle à diverses associations visant la mise sur pied de services adaptés aux besoins des francophones en est la preuve. Même si la famille de Gabrielle demeure dans l'Est de la province, on se rend compte qu'il s'avère difficile de pouvoir vivre entièrement en français et d'avoir droit aux mêmes services que les anglophones, surtout en matière de services spécialisés, comme c'est le cas pour le cadet de la famille qui requiert des soins spéciaux. De son côté, Leslie tout comme Pierre, a été élevée dans une famille exogame. Elle a été exposée au français et à l'anglais dès sa naissance, où l'anglais s'est avéré la langue de communication à la maison, jusqu'au décès de son père, il y a quelques années. Même si par la suite, la mère de Leslie a décidé que la langue de communication à la maison serait dorénavant le français, cette dernière admet néanmoins qu'il est difficile de se défaire d'une habitude et qu'il lui arrive parfois de converser en anglais avec ses filles, même si elle se fait un devoir d'utiliser davantage le français en leur présence. Cette situation n'empêche cependant pas la mère de Leslie d'insister sur l'importance à accorder à la langue et à la culture françaises, afin que celles-ci ne disparaissent pas «avec le temps». Elle est consciente que l'anglais gagne du terrain dans la région d'Ottawa et, à son avis, il faut exercer un œil vigilant, si les francophones ne veulent pas perdre leurs acquis.

Le discours des parents au cours des entrevues insiste donc, dans la très grande majorité des cas, sur l'importance d'un usage régulier du français dans les rapports quotidiens, ou du moins, leur discours suggère d'y porter une attention particulière — même dans le cas de Pierre, où ses parents parlent de la fierté de pouvoir parler deux langues. L'attitude des parents face à la langue française et, dans certains cas, à la culture, influence sans aucun doute la façon dont les jeunes participantes et participants se positionnent sur la question minoritaire, de même que la façon dont ils et elles interprètent leur propre parcours identitaire et leur appartenance à la francophonie.

Cependant, il n'y a pas que la famille qui influence les jeunes et leur rapport à l'identité. Une autre instance, celle du groupe d'amies et amis, joue un rôle important dans la vie des adolescentes et des adolescents. À cet âge, l'influence du milieu familial fait place à celle des amies et amis.

Dans la prochaine section, nous verrons comment les amies et amis des participantes et des participants se positionnent eux-mêmes sur la question identitaire.

1.3 L'influence des amies et amis

Malgré le fait que la plupart des participantes et des participants aient grandi dans un milieu familial où l'on accorde une importance certaine à la langue française, il n'en demeure pas moins que la très grande majorité des jeunes qui ont participé à l'étude vivent constamment à la frontière des deux langues et que quelques-uns se sentent même plus à l'aise en anglais. Le contexte social anglo-dominant dans lequel évoluent ces jeunes contribue à ce phénomène de mouvance. Que l'on pense à la télévision, à la musique, aux pratiques langagières qui ont lieu à l'extérieur du milieu familial et de l'école, toutes ces activités concourent à favoriser l'usage de l'anglais. Même à l'école, une clientèle scolaire plus hétérogène sur le plan linguistique et culturel fait en sorte que les élèves franco-dominants se trouvent mêlés à des pratiques qui favorisent l'usage de l'anglais. Or, c'est très souvent à l'école que les amitiés se forment, entre élèves aux pratiques langagières variées.

C'est lorsqu'on examine ces pratiques langagières entre amies et amis qu'on remarque, dans plusieurs cas, un phénomène marqué d'anglicisation, même si les amies et amis se côtoient le plus souvent en contexte scolaire où le français est sensé être à l'honneur. Il n'en demeure pas moins que ces jeunes se fréquentent aussi à l'extérieur de l'école, dans un contexte social anglo-dominant et ils et elles s'adonnent à diverses activités sociales qui se passent la plupart du temps en anglais, faute d'activités en français, comme c'est souvent le cas dans la région de Toronto. Mais même chez les jeunes qui habitent dans la région d'Ottawa, la langue d'usage est souvent l'anglais entre amies et amis, bien que ce phénomène soit moins marqué que dans le Centre de la province. Même Mathieu, qui s'est déclaré francophone à part entière, a mentionné avoir quelques amis avec qui il parle en anglais.

Contrairement à ce que certains et certaines croient, l'anglicisation dans le groupe d'amies et amis n'est pas un phénomène nouveau cependant. Des études antérieures ont en effet montré que la langue privilégiée entre amies et amis et entre élèves dans les écoles secondaires minoritaires de langue française est, plus souvent qu'autrement, l'anglais, et que la plupart des activités que ces jeunes mènent à l'extérieur de la salle de classe se font généralement en anglais (Heller, 1987, 1999; Hébert et Grenier, 1993; Gérin-Lajoie, 1995b).

Comme plusieurs des participantes et des participants l'ont fait remarqué, c'est plus «cool» de parler en anglais qu'en français. En contexte minoritaire, il arrive même, lorsque le groupe se compose uniquement de francophones, que les échanges se fassent en anglais. Les jeunes disent en effet ne pas aimer se faire remarquer du fait qu'ils se parlent entre eux en français. Malgré un usage répété de l'anglais, les adolescents et les adolescentes qui fréquentent ces écoles se sont dits, de façon générale, quand même attachés à la langue française (Gérin-Lajoie, 1995b).

Un autre facteur vient contribuer à ce phénomène d'anglicisation dans les écoles et, par conséquent, dans le groupe d'amies et amis. C'est une présence assez importante d'élèves anglo-dominants. Ces élèves peuvent être aussi bien des ayants-droit qui ne possèdent pas une bonne maîtrise du français, que des élèves anglophones venant de l'immersion française. Dans le cas de ces derniers, on les retrouve davantage dans le Centre de la province, où dans certains cas, l'admission de ces élèves a été une stratégie de la part des conseils scolaires afin de pouvoir ouvrir de nouvelles écoles. Pour les élèves anglo-dominants, il n'est pas rare que le seul contact journalier qu'ils aient avec la langue et la culture françaises se fasse à l'école. Même si les participantes et les participants de la présente étude ne tombent pas dans cette catégorie à cause des critères établis au moment de leur sélection, certains de leurs amies et amis s'y retrouvent. C'est le cas, par exemple, de certains amis et amies d'Annie qui ont étudié dans des programmes d'immersion française.

Ces élèves anglophones ne ressentent pas le besoin de vivre en français en dehors de l'école, puisque à leurs yeux le français ne constitue qu'un apprentissage langagier et qu'il se limite à la connaissance d'une langue seconde. Il est donc difficile pour cette clientèle de développer un sens d'appartenance à un groupe auquel ils n'appartiennent pas vraiment, étant donné qu'ils ne sont pas membres de la communauté francophone en dehors de l'école.

Mais bien que les adolescentes et les adolescents qui participent à la présente étude préfèrent l'anglais au français lorsqu'ils sont entre amies et amis, il leur arrive de se servir du français comme d'un code secret. Comme plusieurs l'on mentionné, lorsque ces derniers ne veulent pas se faire comprendre des personnes qui les entourent, ils se parlent alors en français. En effet, dans un milieu anglo-dominant, les individus en général ne comprennent pas le français. Les jeunes sont donc assurés que peu importe ce qu'ils ou elles diront, les autres ne pourront pas comprendre la conversation. De là l'appellation de «code secret». Aux dires de ces jeunes, ils et elles se servent de ce code secret assez fréquemment. Annie fait remarquer, cependant, qu'il faut faire plus attention à présent lorsque les jeunes se parlent en français dans un endroit public, car de plus en plus d'individus sont en mesure de comprendre le français autour d'eux. Le phénomène du code secret avait été noté également dans une étude antérieure (Gérin-Lajoie, 1995b).

Le discours véhiculé par les participantes et les participants, ainsi que par certains de leurs amies et amis, insiste quand même sur la place qu'occupent la langue et la culture françaises dans leur vie. Pour ces jeunes, l'usage régulier de l'anglais ne signifierait donc pas nécessairement le rejet de la langue et de la culture françaises. Au contraire, comme je l'ai mentionné auparavant, chez certaines et certains d'entre eux, on remarque un sens profond d'appartenance à la francophonie ontarienne. Ce discours, qui peut paraître contradictoire pour certains, montre bien la complexité de la question identitaire et m'amène encore une fois à m'interroger sur la façon dont la notion d'identité est définie. Cette définition se fait souvent à partir d'un point de vue de majoritaire, où l'identité est perçue comme étant un marqueur acquis au moment de la naissance et qui est ainsi immuable.

Si l'on examine la logique avec laquelle les jeunes participantes et participants, de même que leurs amies et amis, tentent d'articuler leur rapport à la langue et à la culture françaises, il apparaît clairement que leur discours demeure imprégné des valeurs associées à l'importance à accorder à la francophonie. En même temps, ils et elles tentent de donner une signification à cette nouvelle forme d'appartenance à deux mondes, appartenance qui selon certains critiques ne peut exister sans courir le risque de se voir engloutir par le groupe anglophone majoritaire. Cette appartenance à deux mondes est pourtant, dans bien des cas, la nouvelle réalité sociale à laquelle font face les francophones qui vivent en milieu minoritaire. Cela signifie aussi que l'usage du français devient en quelque sorte circonstanciel, comme l'ont fait remarquer plusieurs participantes et participants. C'est ce dont il sera question dans la section qui suit.

1.4 L'usage circonstanciel ou situationnel de la langue

Le discours des adolescentes et des adolescents fait référence à un usage du français et de l'anglais qui dépend de la situation où ils et elles se trouvent. En effet, très souvent, on nous a dit que l'utilisation d'une langue ou de l'autre dépend de celle dans laquelle s'amorce la conversation. Un choix qui dépend en dernière instance des rapports de communication que deux individus vont développer au fil du temps. Dans certains cas, la langue de communication entre deux individus sera toujours le français. Par exemple, Gabrielle parle toujours en français avec son amie Jocelyne, ce qu'elle ne fait jamais d'ailleurs avec Allison, même si cette dernière possède une bonne connaissance du français puisqu'elle a toujours fréquenté une école de langue française. Dans le cas de Mathieu, c'est avec son amie Amélie qu'il parle uniquement en français. Dans leurs rapports individuels avec Annie, plusieurs de ses amies et amis disent qu'ils et elles s'adressent à la jeune fille en français. D'après les témoignages recueillis, il semble que la décision de parler une langue ou l'autre avec un individu donné repose sur le positionnement identitaire de ce dernier.

Je remarque en effet que les adolescentes et les adolescents auxquels on s'adresse toujours en français sont celles et ceux qui démontrent des convictions profondes en regard de la langue et de la culture françaises. Dans les entrevues auxquelles elles ont participé, Jocelyne, Amélie et Annie ont montré un sens d'appartenance profond à la francophonie et qu'elles n'ont pas peur d'afficher leurs couleurs. Une telle attitude semble donc avoir un impact autour d'elles, puisque leurs amies et amis sont portés à s'adresser à elles en français lors de leurs échanges. Le même raisonnement s'applique dans le cas de Mathieu.

Pour continuer dans le même ordre d'idées, prenons maintenant l'exemple de Phillias. On constate qu'il utilise l'anglais avec la majorité de ses amis, mais qu'il parle cependant toujours en français avec Annie. Dans l'extrait d'entrevue qui suit, nous pouvons voir la complexité du discours des jeunes en ce qui concerne le choix de la langue de communication avec les amies et amis. Phillias nous fait les commentaires qui suivent:

> *Int.*: Ça fait que pour toi, c'est plus facile de parler en anglais?
>
> *Phillias:* Oui, toutes les choses autour de moi m'influencent à parler en anglais.
>
> *Int.*: Comme par exemple, quand tu fais quelque chose avec Annie…
>
> *Phillias*: Avec Annie, je parle en français, à cause, comme, tu connais ceux qui parlent en français…
>
> *Int.*: Qu'est-ce que tu veux dire par là?
>
> *Phillias*: Comme j'ai été avec elle à l'élémentaire, puis, je ne sais pas, et puis comme… j'ai juste une «ride» à chaque matin avec elle et puis, on s'entend bien. On est plus confortable à parler français qu'anglais.
>
> *Int.*: Y a-t-il d'autres personnes dans ton groupe d'amis avec qui tu te sens comme ça, comme avec Annie?
>
> *Phillias*: Je pense que non… peut-être une ou deux personnes, mais la plupart à qui je parle en français sont des filles, je ne sais pas pourquoi.

Int. : Ah oui…
(Ent. 3, él. 8, DGL, 1B, p. 6-7)

Lorsqu'on examine de près cet extrait d'entrevue, on peut se demander ce qui a amené Phillias à faire l'association de l'usage du français avec les filles et celui de l'anglais avec les garçons. Parmi les jeunes interrogés, Annie a aussi fait ce genre de remarque. Ces remarques sont intéressantes lorsqu'on examine la relation qui existe entre les pratiques langagières et les rapports de force dans lesquels ces pratiques s'articulent et évoluent. Sans tomber dans une interprétation mécanique des propos tenus par le jeune homme, serait-il possible de penser ici que Phillias met en relation deux types de domination? La première forme de domination étant fondée sur des rapports sociaux de sexe inégaux, une réalité qui existe toujours dans notre société patriarcale et la deuxième, fondée sur des rapports linguistiques inégaux en milieu francophone minoritaire, où la domination du groupe majoritaire anglophone est présente partout.

Comme Juteau (1983) et McKee-Allain (1989) l'ont déjà fait remarquer dans leurs études respectives sur le sujet, les femmes francophones qui vivent en milieu minoritaire agissent à titre de productrices d'ethnicité. Ce rôle les porterait-elles à se sentir davantage responsables de la reproduction de la langue et de la culture françaises? Et dans ce cas, ce rôle de productrices d'ethnicité les amènerait-elles à utiliser davantage le français dans leurs échanges langagiers? Même si le lien peut paraître faible dans le cadre de la présente étude, n'y aurait-il pas lieu de faire un rapprochement entre le rôle des femmes dans le processus de construction identitaire et la façon dont les jeunes filles francophones conçoivent leur rapport à la langue française? Comme cette question n'a pas fait l'objet de ma réflexion première et que je ne possède pas ici assez d'éléments d'analyse pour poursuivre cette piste, je me contente d'en souligner l'intérêt. Un examen approfondi du lien possible entre les rapports sociaux de sexe et les rapports sociaux fondés sur les pratiques langagières serait sans aucun doute un projet intéressant à réaliser.

Un dernier point qui m'apparaît important et qui ressort de l'analyse, c'est que souvent, d'après les témoignages recueillis, les participantes et les participants ne se rendent pas toujours compte dans quelle langue ils et elles communiquent entre eux. Comme l'explique Leslie:

Comme en famille avec ma tante, je parle en anglais. On parle de tout en anglais. Puis là, sans s'en apercevoir, on change au français puis on retourne à l'anglais. C'est jusque quelque chose de naturel, ça fait juste arriver comme ça, puis on s'en aperçoit pas…
(Rencontre à Toronto, octobre 1999, p. 83)

De vivre continuellement à la frontière des deux langues a comme consé-
quence que certains individus font difficilement la différence entre les
langues utilisées dans leurs échanges, ce qui montre ainsi jusqu'à quel
point les frontières linguistiques peuvent devenir floues. Même certains
parents qui vivent dans des familles exogames ont révélé qu'ils ne sont
pas toujours conscients de la langue qu'ils utilisent avec leur conjoint ou
conjointe, ce qui est le cas par exemple des parents de Gabrielle. Interrogée sur la langue utilisée lorsqu'elle parle à son mari, la mère de Gabrielle
a répondu, étonnée, qu'elle ne le savait pas vraiment, qu'elle n'y avait
jamais porté attention.

Dans ce contexte, même si la langue et la culture françaises sont
importantes et représentent en quelque sorte un héritage culturel à partager, la relation entretenue avec le groupe d'appartenance n'est pas toujours constante et, encore une fois, les frontières linguistiques se traversent
facilement. Pour plusieurs, leur appartenance à la francophonie se fait
plus forte dans des situations de crise. On n'a qu'à penser à la mobilisa-
tion que la fermeture éventuelle de l'hôpital Montfort a provoquée dans
la communauté franco-ontarienne et, en particulier, chez certains des
jeunes qui ont participé à la présente étude. Je pense, par exemple, à
Mélodie, ou encore au frère d'Annie qui en a discuté longuement lors de
notre rencontre. Breton (1994) décrit cette modalité d'appartenance à la
collectivité francophone comme étant une relation segmentaire ou
situationnelle:

> Elle [la relation] ne concerne qu'une partie de leur identité et de
> leur vie sociale. Leur identité francophone n'est ressentie que
> dans certaines situations (par exemple lors d'un événement
> communautaire ou d'une prise de position antifrancophone par
> un groupe quelconque). Leur vie francophone est restreinte à
> certains contextes sociaux, comme la famille ou l'école (p. 66)
> [...]

Ce qu'il faut retenir de ce premier constat sur la notion d'identité bilingue
est le fait que les jeunes qui ont participé à l'étude se trouvent continuellement à la frontière des deux langues et qu'ils et elles doivent renégocier,
de façon quotidienne, leur rapport à l'identité et à l'appartenance de
groupe. Les résultats obtenus ici sont d'ailleurs, à mon avis, loin de
constituer un constat d'échec. Au contraire, dans l'ensemble, le discours
tenu par ces adolescentes et ces adolescents montre un niveau de conscience élevé en ce qui concerne les enjeux associés à la langue et à la
culture minoritaires — sauf dans le cas de Pierre, qui semble plus suscep-
tible de s'associer à la majorité anglophone lorsque ses études en français

seront terminées. Mais, par ailleurs, je crois qu'il serait incorrect de nier l'influence du contexte anglophone dans la vie des francophones qui vivent en milieu minoritaire et les luttes que ces derniers doivent mener pour s'assurer une place dans ce contexte social anglo-dominant. Les participantes et les participants nous ont entretenus sur cette réalité. C'est ce dont il sera question dans la partie qui suit.

2 LE CONTEXTE SOCIAL DOMINANT

Après avoir discuté longuement du concept d'identité bilingue dans mon premier constat, j'aimerais maintenant préciser que mon analyse démontre, dans un deuxième constat, que le contexte social anglo-dominant exerce une influence majeure sur les jeunes qui ont participé à la présente étude, peu importe qu'ils habitent dans l'Est ou dans le Centre de la province. Les adolescentes et les adolescents ont fait remarquer, en effet, qu'ils et elles doivent composer avec une réalité sociale qui leur apparaît difficile et, parfois même, contradictoire. Phillias et Annie ont mentionné à plusieurs reprises le fait qu'un environnement social presque entièrement anglophone, en dehors de la famille et de l'école, venait les influencer grandement dans le choix de la langue d'usage. Comme l'a mentionné un ami de Phillias lors de l'entrevue de groupe, il devient difficile pour eux d'échanger en français, étant donné que dans la vie quotidienne, la plupart des activités auxquelles ils s'adonnent se font en anglais.

La question du manque d'infrastructures francophones a aussi été abordée par les jeunes, de même que par certains parents, aussi bien dans la région d'Ottawa que dans celle de Toronto. Cette situation les force à vivre une partie importante de leurs activités quotidiennes qui ont lieu à l'extérieur de l'école, en anglais. La conversation a souvent porté sur le manque de services publics en français. Les jeunes de la région d'Ottawa en particulier ont souligné la difficulté qu'ils rencontrent à se faire servir en français lorsqu'ils se trouvent dans un endroit public et que pour cette raison, ils passent aisément à l'anglais pour se faire ainsi comprendre du premier coup. D'après les témoignages recueillis, on ne tente même pas de s'adresser d'abord en français. Mathieu constitue l'exception à la règle dans le groupe de la région d'Ottawa. Ce dernier s'adresse d'abord en français lorsqu'il se trouve dans un endroit public, parce qu'il est francophone et qu'il devrait être capable, selon lui, de se faire servir en français.

Du côté des parents de la région d'Ottawa, certains d'entre eux se plaignent que les francophones se trouvent de plus en plus minorisés, comme la mère de Leslie qui pense que les francophones se font «éliminer tranquillement» et qui, par exemple, remet en question l'absence d'affichage bilingue à Ottawa. On peut penser aussi à la mère de Gabrielle qui milite auprès d'organisations communautaires afin d'obtenir des services en français pour mieux répondre aux besoins de son fils handicapé.

Dans la région de Toronto, il n'y a pas que les jeunes qui ont souligné l'absence d'activités et de services en français et le manque d'informations sur les services existants. On se rappellera que certains parents, comme ceux d'Annie, ont dû faire eux-mêmes des démarches pour s'informer des services disponibles en français lorsqu'ils sont arrivés dans cette région. Dans le cas de la famille d'Élizabeth, c'est par le biais d'une amie québécoise que la mère de la jeune fille a été informée de l'existence d'écoles de langue française dans le Centre de la province. Il faut donc des efforts de la part des francophones pour savoir où trouver les activités et les services en français, lorsque ces derniers existent. Lorsqu'ils n'existent pas ou qu'ils se font trop rares, on se sert alors de ressources et d'activités disponibles au Québec, ce qui est relativement facile pour ceux et celles qui habitent dans la région d'Ottawa. La famille de Mathieu, par exemple, est propriétaire d'un chalet au Québec, où les membres de la famille se rendent régulièrement. Ils vont aussi souvent faire du ski et de la planche à neige au Québec. La mère de Gabrielle traverse à Hull lorsqu'elle a besoin de livres en français et qu'elle ne trouve pas ce qu'elle cherche dans sa propre région. Mélodie participe à des camps annuels de musique au Québec où elle vit totalement en français. Annie, de son côté, est souvent allée au chalet familial dans les Laurentides au Québec et elle participe depuis qu'elle est déjà toute jeune à des camps d'été en milieu francophone majoritaire.

Ces activités ne sont pas sans coût, cependant. D'abord sur le plan monétaire, les parents doivent être en mesure d'offrir ces activités à leurs enfants. Puis, parce que ces activités demandent dans certains cas une planification qui peut être parfois assez élaborée, les parents doivent prendre le temps de les organiser. On est donc loin des camps d'activités de jour offerts en français, où l'enfant n'a qu'à sortir de la maison et se rendre au parc situé au coin de la rue.

Dans les échanges linguistiques entre les jeunes, l'anglais est omniprésent et on préfère souvent cette langue au français. Dans la plupart des cas, la langue dominante est associée aux loisirs et à la détente — on joue en anglais, on regarde la télévision en anglais, on va au cinéma en anglais, etc. Le français, de son côté, est souvent associé au contexte scolaire et représente pour les jeunes, en quelque sorte, une langue de travail.

Le rapport de domination engendré par la majorité anglophone se reflète également dans le discours des jeunes lorsque ces derniers et ces dernières nous entretiennent sur la notion de «politesse» à l'égard de l'unilingue anglophone. Dans la présente étude, on a dit en effet passer du français à l'anglais dès l'instant où un anglophone se mêle au groupe, même si tous et toutes sont francophones. Selon les jeunes, on le fait par mesure de politesse. Vu la capacité des francophones de s'exprimer soi-disant dans les deux langues, il apparaît raisonnable dans ces circonstances d'accommoder les unilingues anglophones en continuant les échanges en anglais. Cette référence à la politesse m'apparaît intéressante car elle renvoie à d'autres notions qui insistent sur une façon de faire qui met en lumière des rapports de force spécifiques où le groupe dominant s'attend à un comportement spécifique de la part du groupe dominé, dont celui de la soumission à et du respect de l'ordre établi. Ces attentes se transmettent toutefois souvent de façon subtile par l'intériorisation, pour le groupe dominé, de certaines valeurs, comme celle de la politesse, par exemple. En ce qui a trait à cette notion, on pourrait argumenter que dans ce contexte, ce n'est pas tant par politesse qu'on passe à l'anglais, mais plutôt pour ne pas déranger l'ordre des choses qui veut qu'en milieu anglo-dominant on se doit de respecter la langue majoritaire, même si cela veut dire pratiquer une certaine forme d'exclusion des francophones qui ne maîtrisent pas parfaitement la langue anglaise, phénomène plus fréquent qu'on ne le croit, surtout dans les régions où l'on retrouve de plus fortes concentrations de francophones, comme dans l'Est.

Il n'y a cependant pas que le contexte social anglo-dominant qui vient influencer l'usage des langues en milieu francophone minoritaire. Le milieu francophone y est aussi parfois pour quelque chose. Par exemple, le français normatif renforcé par l'école ne correspond pas toujours au français parlé des élèves. Le français véhiculé dans les écoles est celui de la majorité et correspond difficilement à celui des élèves en milieu minoritaire. Les formes vernaculaires du français telles que pratiquées par ces derniers ne constituent pas toujours un français standard. Il y a un écart entre les attentes de l'école et la performance des élèves, à l'oral surtout. Dans ce contexte, on ne se gêne pas pour dire aux élèves qu'ils parlent mal le français, ce qui provoque de l'insécurité linguistique chez certains d'entre eux. Il est important de souligner que le caractère normatif prêté à la langue peut ainsi agir de façon négative sur l'individu, puisque ce dernier se voit souvent incapable d'atteindre cette norme, étant donné que le français normatif ne lui appartient pas comme langue propre (Gérin-Lajoie et Labrie, 1999). Les individus auront alors peur de s'exprimer en français et en limiteront son usage, dans bien des cas, comme l'ont expliqué Boudreau et Dubois (1991) :

L'insécurité linguistique peut agir sur les performances écrites et orales des locuteurs qui se sentent investis de l'intérieur par des préjugés négatifs. Elle peut nuire à la motivation, à l'apprentissage[...] De plus, l'insécurité linguistique pourrait jouer un rôle déterminant dans le phénomène du transfert linguistique (p. 20).

Dans le contexte de la présente étude, le français vernaculaire utilisé par les participantes et les participants est parfois perçu par ces derniers comme étant différent du français normatif de l'école et moins désirable. Certains et certaines d'entre eux, comme Élizabeth, croient qu'ils ou elles ne parlent pas un «bon» français. Ces jeunes sont gênés de parler en français et préfèrent parfois passer à l'anglais, croyant maîtriser cette langue davantage. La mère de Leslie est d'avis qu'elle et ses filles ne parlent pas un «bon» français, parce qu'elles utilisent un français qui est différent du «français de France» qui, pour elle, représente la norme à atteindre. Plusieurs autres remarques nous ont été faites à ce sujet.

Les jeunes sont ainsi appelés à composer avec deux types de rapports de pouvoir. D'abord, ceux établis par le milieu anglo-dominant, puis ceux établis par le milieu francophone lui-même, étant donné que le cadre scolaire fonctionne dans une structure calquée sur le modèle francophone majoritaire, lequel tient difficilement compte de la réalité du milieu minoritaire.

3 LA LANGUE, OBJET DE COMMODITÉ

Mon analyse m'a finalement amenée à faire le constat suivant: le discours des jeunes et de certains de leurs parents porte aussi sur le caractère utilitaire de la langue française, qui constitue ainsi un capital linguistique important pour les individus (Bourdieu, 1979; Breton, 1994). Ce capital linguistique leur permettra, d'après les propos retenus, un meilleur accès au marché du travail dans un contexte de mondialisation. Dans ce sens, la langue devient un objet de commodité et possède une valeur marchande, d'où l'importance du bilinguisme pour les jeunes.

Ce discours qui porte sur la valeur utilitaire du français existe déjà depuis quelques années d'ailleurs. Dans une étude que j'ai menée en 1995 dans une école secondaire de langue française du Sud-Ouest de l'Ontario, la valeur marchande de la langue était déjà reconnue dans le discours des élèves et des parents, de même que dans le discours officiel de l'école. Parmi les élèves, on reconnaissait les retombées positives d'une éducation en langue française en termes d'accès au marché du travail. En étant bilingue, on pouvait décrocher ainsi de meilleurs emplois. Le discours des parents allait aussi dans le même sens. L'école était composée de deux groupes de parents: 1) des parents francophones, d'une part, qui voyaient le rôle premier de l'école de langue française comme celui d'un agent de reproduction de la langue et de la culture minoritaires, mais qui reconnaissaient aussi la valeur marchande du français sur le marché du travail; 2) des parents anglophones, d'autre part, pour qui l'attrait de l'école de langue française résidait dans le fait qu'elle fournissait le capital linguistique nécessaire pour l'accès à l'emploi (Gérin-Lajoie, 1995b).

Ce même discours se retrouve dans la présente étude. La plupart des élèves parlent du caractère utilitaire de la langue française, de son importance sur un marché du travail de plus en plus concurrentiel et mondialisé. Pour les parents de Mathieu, par exemple, il est important que leurs enfants soient bilingues étant donné qu'ils vivent dans une région de l'Ontario où le marché de l'emploi favorise la connaissance des deux langues. Pour les parents de Pierre, en particulier pour sa mère, c'est la même chose. Dans ce cas précis, j'irais jusqu'à dire que l'aspect utilitaire de la langue prend préséance sur l'importance de conserver la langue et la culture dans le but de les transmettre aux générations futures.

Du côté des adolescentes et des adolescents, on s'exprime dans les mêmes termes: le bilinguisme leur permettra de décrocher plus facilement un emploi. Certains d'entre eux en voient déjà les retombées positives. Pour ceux et celles qui détiennent des emplois à temps partiel, la connaissance du français s'avère utile dans leur travail, surtout pour les participantes et les participants de la région d'Ottawa. Leslie, par exemple, travaille dans les deux langues, alors que Gabrielle travaille principalement en français, étant donné que la succursale bancaire qui l'a embauchée est située dans un secteur francophone de la région d'Ottawa. Dans le cas de Mathieu, il a travaillé uniquement en français pendant l'été dans un collège communautaire francophone de la région. Même pour les jeunes de Toronto, le français leur est utile. Phillias a pu se servir des deux langues dans son emploi d'été. Même Élizabeth a constaté, dans son emploi à temps partiel, qu'elle possédait un avantage sur ses collègues de travail lorsqu'on lui a demandé de servir une cliente qui ne parlait que le français.

Les amies et amis des jeunes insistent également sur l'utilité de savoir parler français et anglais. Encore là, être bilingue signifie posséder un avantage sur les unilingues en ce qui concerne le domaine de l'emploi. Comme le note Andrew, un ami d'Annie, en parlant de la décision de ses parents de l'inscrire dans un programme d'immersion française à l'école élémentaire:

> Je pense qu'ils voulaient me donner la chance d'avoir deux
> langues. Ça m'aide beaucoup, comme pour trouver du travail,
> puis tout ça. (Ent. am. 7, DGL & SR, 1B, p. 8)

La connaissance du français devient donc, d'après les principaux intéressés, un outil utile dans le contexte d'un nouvel ordre économique qui favorise l'ouverture sur le monde. Roy (2001) a fait remarquer dans une étude qu'elle a menée sur la valeur marchande du bilinguisme dans les centres d'appel, qu'il est effectivement facile pour ceux et celles qui peuvent converser dans les deux langues de s'y faire embaucher. Dans ce sens, le bilinguisme représente définitivement un avantage. Son analyse démontre cependant que les francophones bilingues sont cantonnés au service à la clientèle, secteur peu payant de l'entreprise. Pour accéder à des postes de commande, les candidates et les candidats doivent travailler en anglais, où la connaissance du français n'est pas nécessairement exigée. De son côté, Heller (1999) parle de la langue comme objet de commodité, non seulement dans le contexte du marché du travail, mais aussi en termes de capital symbolique qui permet ainsi à ses détenteurs et à ses détentrices de profiter à la fois des acquis obtenus par les francophones et des avantages liés au groupe majoritaire anglophone, ce capital linguistique permettant ainsi des rapports variés entre les individus.

En parlant des diverses modalités d'appartenance ou d'identification à la francophonie, Breton (1994) identifie une dimension pragmatique ou utilitaire à être associé à la francophonie et il explique que «dans cette modalité d'appartenance, c'est la dimension instrumentale de la langue qui prédomine plutôt que son aspect symbolique et culturel» (p. 62). Dans le discours tenus par certains des adolescents et des adolescentes de l'étude, c'est en effet le caractère instrumental de la langue qui ressort, alors que pour d'autres, un attachement profond à la langue et à la culture françaises vient s'ajouter à sa dimension utilitaire.

4 Pour conclure le présent chapitre...

Le rapport à l'identité et à la langue est influencé par des représentations et des pratiques langagières en mouvance, qui sont elles-mêmes le résultat de rapports sociaux dialectiques, que ce soit avec la majorité anglodominante ou avec la minorité francophone, comme dans le contexte scolaire, par exemple. Le sens d'appartenance à un groupe particulier est donc influencé par les pratiques sociales, linguistiques et culturelles dans lesquelles cet individu évolue.

Dans le cas des jeunes qui ont participé à l'étude, leur rapport à la langue et à l'identité est complexe. Même si la majorité d'entre eux se positionnent comme étant des bilingues, leur discours a pris, au cours des trois années de fonctionnement de l'étude, diverses formes. Ces adolescentes et ces adolescents se positionnent différemment face à leur appartenance de groupe et à leur rapport à la langue. Leurs parcours identitaires diffèrent et, chez un même individu, le parcours peut prendre diverses tangentes au cours de sa vie. L'analyse des résultats de la présente étude porte à croire que les individus qui vivent en milieu francophone minoritaire sont appelés à faire l'expérience de rapports sociaux et langagiers variés qui favorisent des parcours identitaires qui sont loin d'être statiques, en particulier lorsqu'on examine le cas des adolescentes et des adolescents.

Chapitre 7

L'impact du processus

de recherche sur les participantes

et les participants

Vivre un projet de recherche de l'envergure de celui dont il vient d'être question est une expérience dont il m'apparaît important de parler à la fin du présent ouvrage. Les participantes et les participants ont investi beaucoup d'eux-mêmes dans cette étude ethnographique. Cet investissement ne s'est pas limité aux nombreuses heures qu'elles et ils ont passé avec les membres de l'équipe de recherche. Ces jeunes ont également livré leurs pensées parfois les plus secrètes à des individus qui leur étaient parfaitement inconnus. Mélodie, Gabrielle, Pierre, Mathieu, Leslie, Annie, Phillias et Élizabeth ont ainsi dévoué temps et énergie à un projet qui n'était pas le leur et dont les retombées leur étaient totalement inconnues. Comment ces jeunes se sont-ils sentis tout au long de l'étude? Quel a été l'impact d'un tel projet sur les participantes et les partici-pants? Cette étude ethnographique a-t-elle contribué à susciter une réflexion de leur part sur la question identitaire? Peut-on supposer que le type d'approche méthodologique utilisé a encouragé ces jeunes à poser un regard critique sur leur rapport à la langue et à la culture françaises? Examinons dans un premier temps l'expérience de ces participantes et de ces participants.

Comment ces huit jeunes ont-il en effet vécu une telle aventure? Quel impact le projet de recherche a-t-il eu sur leur vie au moment de la cueillette des données et, de façon plus générale, sur la manière dont ils et elles perçoivent à présent leur rapport à la langue et à la culture minoritaires et leur positionnement par rapport à toute la question identitaire?

1.1 La cueillette de données

De façon générale, les adolescentes et les adolescents ont dit que l'expérience s'est avérée positive et qu'elles et ils ont apprécié la chance de pouvoir y prendre part. Pourtant, de participer à un tel projet présente certaines contraintes qu'il ne faut pas minimiser. La première concerne le fait que ces jeunes ont dû travailler avec des personnes qu'ils et elles ne connaissaient pas et avec qui ils et elles ont accepté de partager un coin de leur vie. Consciente de ce fait, j'ai tenté de mon mieux d'établir une relation de confiance entre les membres de l'équipe de recherche et ces jeunes, une relation fondée sur le respect de la personne. En recherche, les participantes et participants ne sont nullement au service du chercheur ou de la chercheure et, dans ces conditions, le partage de leurs expériences doit ainsi être négocié.

Participer à un projet de recherche qui s'échelonne sur plusieurs années signifie prendre part à une aventure dont au départ on ne connaît pas l'issue. Mélodie, Mathieu, Gabrielle, Leslie, Pierre, Annie, Élizabeth et Phillias se sont pliés de bon gré à une telle aventure. Lors de la rencontre à Toronto, je leur ai demandé à quoi ils et elles s'attendaient lorsque l'étude a débuté. Certains et certaines, comme Mathieu, Annie, Mélodie et Phillias, ont répondu qu'ils ne savaient pas trop à quoi s'attendre, mais que malgré tout, ils et elles avaient décidé de ne pas trop s'en faire à l'avance. Pour d'autres, les débuts ont été un peu plus difficiles. Par exemple, Leslie a révélé qu'elle se sentait mal à l'aise. En faisant référence à la première réunion tenue à l'école avec les élèves sélectionnés, elle révèle ce qui suit:

> J'avais aucune idée. J'avais peur même, comme je suis une
> personne très gênée, puis, comme, j'arrive là. J'étais comme, ha
> mon Dieu qu'est-ce qu'ils vont me faire, comment je vais réagir?
> Pas que j'avais peur...
> (Rencontre à Toronto en octobre 1999, p. 15)

De son côté, Gabrielle a avoué qu'à cause de la nature du projet, il lui est arrivé souvent d'avoir peur de parler en anglais au moment où elle était observée par un membre de l'équipe de recherche. Parmi les huit jeunes qui ont complété l'étude, il n'y a en fait que dans le cas de Pierre que nous avons senti une certaine réticence de sa part à participer pleinement, tant lors des observations qu'au moment des entrevues. Je crois que ce dernier aurait peut-être préféré arrêter sa participation à l'étude, mais qu'il a décidé de continuer malgré ses hésitations.

En ce qui concerne les observations, les participantes et les participants ont dit s'être vite habitués à se faire «suivre» — comme certains d'entre eux l'ont expliqué — par un membre de l'équipe de recherche. La plupart oubliait facilement notre présence en salle de classe. Comme l'explique Mathieu:

> Moi, c'est comme avec la caméra, je l'ignore. Je faisais comme si vous n'étiez pas là. J'interagissais comme normal puis, si j'avais essayé d'agir différemment, ça n'aurait pas vraiment été des bonnes données — c'est pas moi-même. Je faisais juste comme vous ignorer, c'était une journée normale.
> (Rencontre à Toronto en octobre 1999, p. 25)

Il n'était pas rare cependant que les adolescentes et les adolescents aient à répondre aux questions des autres élèves au sujet de notre présence à leurs côtés. Apparemment, les élèves avaient du mal à comprendre le projet de recherche, de même que la raison pourquoi les participantes et les participants devaient se prêter à toutes ces observations et ces entrevues. Dans le cas de Mélodie, ces questions lui ont été posées dans les deux écoles qu'elle a fréquentées pendant la durée du projet. À quelques reprises, plusieurs se sont fait demander si cela les dérangeait d'être observés et que quelqu'un note leurs moindres mouvements.

La participation aux entrevues n'a pas, non plus, présenté de problème, si ce n'est parfois l'horaire chargé des jeunes qui les a forcés à réorganiser leur journée afin de trouver du temps pour le projet. Pour quelques jeunes, les entrevues leur ont permis de parler de leurs activités quotidiennes et de «réfléchir tout haut» sur certains aspects de leur vie adolescente, ce qu'ils et elles n'avaient jamais fait auparavant.

1.2 Où en sont ces jeunes à la fin d'un tel projet?

Quel impact, si d'aucuns, la participation des jeunes a-t-elle eu sur la façon dont ils et elles conçoivent maintenant leur rapport à la langue et à la culture minoritaires et leur positionnement par rapport à la question identitaire? Nous en avons discuté longuement lors de la rencontre à Toronto en octobre 1999, de même qu'au courant des dernières entrevues individuelles qui ont eu lieu à la fin de la troisième année de l'étude, soit en février 2000. Dans l'ensemble, l'effet semble avoir été positif. Sauf pour Pierre, tous et toutes ont dit avoir retiré quelque chose du projet, puisque cela les avait amenés à porter une attention spéciale à la question identitaire à laquelle ils et elles n'avaient jamais vraiment réfléchi, comme en fait preuve le témoignage de Mathieu:

> Ça m'a fait réfléchir. Avant l'étude, je m'attendais, comme, quand l'étude a commencé, je ne savais pas trop à quoi m'attendre. On a eu de la pizza [rires], une bonne tactique ça [rires]. Mais, je ne sais pas, je suis arrivé là, puis je m'attendais à je ne sais pas trop. C'est une bonne expérience, comme je dis, ça m'a plu. Avant, c'est pas comme si une personne va penser c'est quoi ma culture, puis, t'sais comment c'est important. Est-ce que je me considère francophone, bilingue, c'est pas vraiment des questions qu'un individu va se demander juste comme ça. Mais là, que vous autres vous nous ayez posé des questions, vous m'avez fait plus penser, ben c'est vrai, c'est important.
> (Rencontre à Toronto en octobre 1999, p. 14)

Dans le cas de ce jeune homme, sa participation au projet a même soulevé une inquiétude de sa part quant à la survie de la langue et de la culture françaises en milieu minoritaire. À la suite des discussions, il s'est interrogé sur l'avenir des francophones qui vivent à l'extérieur du Québec, après avoir avoué qu'il n'avait jamais pensé que la francophonie pouvait occuper une position précaire au Canada.

D'autres ont ajouté que le projet les avait amenés à réaliser l'importance à accorder à la langue française. Annie, malgré un discours imprégné d'un sens profond d'appartenance à la francophonie, parle de son expérience dans les termes suivants:

> Ben c'est sûr qu'en faisant le projet, puis les questions qu'on pose ça fait réfléchir, ça te fait poser des questions sur tes choix personnels, comme en ce qui concerne la langue et la culture. Donc, dans ce sens-là, ça m'a réveillée. En même temps, comme je donnais mon opinion mais aussi j'étais comme, bon je dis ça puis je le crois, mais est-ce que je le fais? Donc, en ce sens-là, je me dis, il faudrait… Je parle plus français maintenant avec les gens autour de moi. Ça m'a réveillée, puis je suis moins concernée par ce que les gens pensent aussi…
> (Ent. 6, él. 7, DGL, 1B, p. 14)

Phillias a expliqué que, pour lui, c'est surtout la rencontre d'octobre 1999 qui l'avait fait réfléchir sur son appartenance à la francophonie:

Avec cette rencontre, on a soulevé plusieurs idées, plusieurs concepts, que notre langue était, qu'on devenait assimilé par l'anglais et par les autres langues et qu'on perdait cette langue [le français] de plus en plus. Alors ça m'a sensibilisé à ce fait et puis, à aussi garder ma culture, à essayer le plus possible de garder ma culture, même s'il y a d'autres choses qui l'empêchent autour. (Ent. 6, él. 8, DGL, 1B, p. 13)

Gabrielle a fait remarquer, que pour elle, la fin de semaine qu'elle a passée à Toronto lui a fait prendre davantage conscience de sa culture francophone et que sa participation au projet lui faisait apprécier plus la francophonie. Pour sa part, Élizabeth a tenu les propos suivants lors de sa dernière entrevue, en février 2000:

Après la fin de semaine, après avoir entendu les commentaires des autres, j'ai vu que la francophonie, comme, c'est important pour moi... même si je pense que je ne parle pas si bien en français et que je ne devrais pas parler en français parce que les gens vont penser que je m'exprime pas bien... (Ent. 6, él. 6, DGL, 1B, p. 12)

Bien qu'elle montre des signes d'insécurité linguistique, Élizabeth éprouve de l'attachement pour la langue française, même si elle croit qu'elle ne lui rend pas justice lorsqu'elle l'utilise. Pour sa part, Leslie a dit parler plus souvent en français, surtout avec ses amies depuis qu'elle participe au projet. Pour elle, le français est plus important qu'avant. Du côté de Mélodie, la participation n'a fait que renforcer ses convictions par rapport aux droits des francophones. Le projet lui a permis de prendre davantage conscience de l'importance de la langue française. Il n'y a que Pierre qui, lors de sa dernière entrevue, a révélé que le projet ne lui avait rien apporté:

Int.: De quelle façon ta participation au projet, si c'est le cas, a-t-elle influencé ton rapport à la langue et à la culture françaises?

Pierre: Pas vraiment.

Int.: Non? Aucune influence à ton avis?

Pierre: Pas vraiment. Peut-être qu'en classe, j'ai fait l'effort de parler plus en français, mais c'est à peu près tout. (Ent. 6, él. 3, DG, 1A, p. 7)

La rencontre à Toronto a été appréciée à la fois par le groupe et par l'équipe de recherche. Les échanges ont été très fructueux de mon point de vue de chercheure. Ils ont, en effet, permis à ces jeunes de discuter d'un sujet qui en laissent plusieurs indifférents, malgré les enjeux importants qui s'y rattachent. Les participantes et les participants ont ainsi eu l'occasion de réfléchir à la question identitaire de deux façons. D'abord, ils et elles ont pu se pencher sur leur propre parcours identitaire. Par la suite, les jeunes ont eu l'occasion d'articuler leur positionnement face à la langue et à la culture françaises, en examinant leurs pratiques sociales actuelles et leurs expériences passées. Qu'en est-il maintenant de la sensibilisation à la question identitaire?

2 Prise de conscience et réflexion critique

À mon avis, les résultats obtenus indiquent que les participantes et les participants ont fait un certain cheminement par rapport à l'articulation et aux enjeux de la question identitaire, au cours des trois ans de l'étude ethnographique. Dans la très grande majorité des cas, le discours de ces jeunes montre qu'en réfléchissant à la question, ils sont arrivés à une meilleure compréhension des enjeux propres aux minorités francophones. Les extraits d'entrevue présentés dans la section précédente parlent d'eux-mêmes. On se dit davantage conscient de l'importance de la langue et de la culture minoritaires, même si on passe constamment d'une langue à l'autre et qu'on vit dans un contexte où les frontières linguistiques se redéfinissent au jour le jour. C'est d'ailleurs ce phénomène de mouvance et ce rapport dialectique à la langue qui rendent la présente étude si intéressante, puisque d'une certaine façon, elle remet en question ce fatalisme souvent associé à toute la question de l'identité bilingue, celui de ne voir dans le phénomène de bilinguisation qu'une manifestation nette de l'assimilation au groupe majoritaire anglophone.

Dans le contexte de la présente étude, les participantes et les participants ont amorcé une réflexion critique sur ce que veut dire vivre à la frontière de deux langues et sur la façon de composer avec une réalité parfois difficile à vivre en tant que francophones. Leur discours montre à la fois qu'on choisit encore la langue française (même si au départ, elle a été choisie pour nous) mais, qu'en même temps, on lui résiste. Cette résistance se manifeste dans des pratiques langagières qui favorisent l'utilisation de l'anglais dans certaines activités, comme avec le groupe d'amies et amis, par exemple.

L'approche ethnographique dans le contexte de la présente étude a sans aucun doute permis de révéler certaines contradictions associées aux pratiques sociales et langagières de ces jeunes. L'approche ethnographique m'a également permis à titre de chercheure, et grâce à la durée relativement longue du projet, de cheminer avec les adolescentes et les adolescents et de voir de quelles façons s'articulent les rapports de force dans lesquels ils et elles participent dans leur vie de tous les jours. Cette approche m'a également donné la chance de mieux saisir comment les jeunes arrivent à leur position identitaire et, par la même occasion, de mieux comprendre le sens qu'on donne à la notion d'appartenance dans ce discours.

L'objet de mon étude nécessitait un type de recherche plus engagé, plus critique que celui qu'on associe généralement à la recherche qualitative traditionnelle. Cette possibilité s'offrait avec l'ethnographie, puisque cette dernière peut mener à une analyse critique des phénomènes sociaux. Dans ce contexte, l'ethnographie critique s'intéresse aux pratiques sociales imbriquées dans des rapports de force spécifiques, qui font aussi partie de l'objet d'étude pour l'ethnographe. Le but de l'ethnographe est alors d'arriver à susciter le développement d'une pensée critique chez les individus qui participent à la recherche, laquelle pourrait mener, dans certaines circonstances, à des changements sociaux concrets (Gérin-Lajoie, 1995, 2002). Telle que présentée, cette définition représente davantage un idéal-type qu'une réalité. De façon concrète, il est difficile d'amener les participantes et les participants d'une étude à entreprendre un changement de grande envergure dans un domaine particulier. C'est pourquoi Thomas (1993) préfère parler plutôt en termes d'un *continuum* où certains chercheures et chercheurs critiques pourront se retrouver plus près de l'idéal-type que d'autres.

Dans le cas de la présente étude, je n'ai pas atteint cet idéal-type et je ne prétendais pas le faire non plus. Néanmoins, je peux constater, à la lumière des propos tenus par les jeunes, que ces derniers et ces dernières ont su tirer profit des discussions menées au cours des trois années de fonctionnement de l'étude et qu'ils ont développé, à leur façon, une réflexion sur la question identitaire, que je juge critique. Seul l'avenir pourra dire si cette réflexion portera ses fruits.

J'aimerais terminer ce chapitre en disant qu'à titre de chercheure, ce projet m'a rapporté à plus d'un niveau. D'abord, j'ai la satisfaction d'avoir eu suffisamment de temps pour examiner à fonds une problématique des plus complexes. Les données recueillies pendant les trois années de terrain se sont avérées riches en informations et m'ont permis d'examiner le cheminement des participantes et des participants par rapport à une problématique particulière, celle de leur rapport à la langue et à l'identité. Le projet a aussi donné la parole à un groupe qui n'est pas toujours écouté à son juste titre, celui des jeunes. Mathieu, Leslie, Gabrielle, Pierre, Mélodie, Phillias, Annie et Élizabeth, comme actrices et acteurs sociaux, ont en effet tenu les rôles principaux dans l'examen du processus de construction identitaire dans la présente étude. Leurs parents, leurs frères et sœurs, leurs amies et amis et le personnel enseignant ont également contribué grandement à l'analyse. Grâce à leur rôles de soutien, ces personnes m'ont donné la chance de brosser des portraits relativement justes de la réalité de ces jeunes ainsi que de leurs divers parcours identitaires. Ces multiples discours m'ont permis, de plus, d'effectuer une triangulation des données des plus acceptables.

Enfin, une étude ethnographique de ce type représente une aventure non seulement pour les participantes et les participants, mais pour le chercheur ou la chercheure également, puisque ce dernier ou cette dernière marche en terrain inconnu, où l'imprévisible se manifeste constamment et avec lequel on doit toujours composer. Par exemple, dans le cas de la présente étude, les débuts ont été difficiles: une grève des enseignantes et des enseignants en Ontario et une tempête de verglas aux conséquences graves dans l'Est de la province ont ralenti la mise sur pied du projet. L'abandon du projet par l'un des élèves de la région de Toronto et le départ d'une autre ont aussi constitué des imprévus avec lesquels il a fallu composer. Malgré tout cela, le projet constitue pour moi un franc succès sur le plan de la recherche. Sur le plan personnel, cette étude m'a aussi fourni l'occasion d'apprendre à connaître des gens à la fois chaleureux et d'une grande intégrité.

CONCLUSION

Le discours tenu par les jeunes qui ont participé à l'étude sur le sens à donner à la langue, à la culture, au sens d'appartenance et à l'identité montre bien toute la complexité du processus de construction identitaire. L'examen de la représentation que se font les adolescents et les adolescentes de leur rapport à l'identité, c'est-à-dire la façon dont ils et elles se perçoivent sur le plan linguistique et culturel, suggère que l'identité se construit au jour le jour, à travers les pratiques sociales et langagières de ces jeunes. C'est une identité qui se transforme continuel-lement. Le processus de construction identitaire est donc dynamique. C'est, en quelque sorte, un phénomène en mouvance, qui est le résultat de rapports dialectiques spécifiques ancrés dans des structures sociales souvent floues ou contradictoires, où l'accès aux ressources symboliques est inégalement réparti entre les individus. C'est donc dans le contexte d'un processus dynamique d'interactions que s'articule la notion d'iden-tité bilingue et c'est de ce même contexte dont il faut tenir compte lorsqu'en tente d'en comprendre la signification.

Le sens accordé par les jeunes à leurs pratiques langagières révèle, pour la plupart d'entre eux, une bonne compréhension des enjeux pertinents à la francophonie. Le discours de plusieurs reconnaît aussi le rôle de la langue — le français comme l'anglais — dans la construction des frontières sociales et des rapports de pouvoir. L'appartenance à la francophonie, ou du moins la préoccupation en ce qui concerne son maintien n'empêche pas, par ailleurs, ces jeunes gens de traverser cons-tamment les frontières linguistiques par un emploi quotidien du français et de l'anglais. C'est ce va-et-vient constant d'une frontière linguistique à l'autre qui, selon les participantes et les participants, les incite à se définir non plus comme des francophones, mais plutôt comme des bilingues. Leur discours s'est avéré très clair sur ce point.

Même s'il ne faut pas minimiser les effets de l'influence anglophone, qui contribue certainement à l'assimilation du groupe minoritaire francophone à la majorité anglophone, je crois qu'il est important de reconnaître que nous sommes en présence ici d'une nouvelle forme de rapport à l'identité, qui n'exclut pas nécessairement un sens d'appartenance à la francophonie, même si, en même temps, un rapport quelconque au groupe majoritaire anglophone est aussi présent.

Contrairement à ce que l'on pourrait penser, ce n'est pas seulement la valeur marchande de la langue française qui importe pour ces jeunes. Bien sûr, on retrouve dans leur discours des allusions à l'importance du bilinguisme sur un marché du travail de plus en plus compétitif et à la chance qu'ils ont de pouvoir fonctionner dans les deux langues. Mais les propos de la majorité des participantes et des participants vont au-delà de la dimension utilitaire de la langue, pour en parler davantage en termes d'un héritage culturel distinct, bien que, dans certains cas, leur relation à la francophonie s'avère segmentaire ou situationelle (Breton, 1994).

La représentation que se font les jeunes de la notion d'identité bilingue et le discours qu'ils tiennent sur leur positionnement par rapport à la langue et à la culture minoritaires contredit en quelque sorte la façon dont ce concept est souvent traité, soit en fonction des nombres (Bernard, 1999; Castonguay, 1999) où l'on tient peu compte des rapports de force dans lesquels s'articulent les pratiques sociales et langagières. D'ailleurs, certains spécialistes de l'approche quantitative ont même commencé à s'interroger sur la façon dont ces nombres sont d'abord recueillis et ensuite interprétés. Par exemple, Langlois (2000), en référant au concept de langue d'usage, questionne la façon dont cette variable est utilisée pour mesurer la vitalité linguistique d'un groupe. En parlant de la baisse des effectifs francophones, il avance ce qui suit:

> [...]d'aucuns considèrent qu'il ne faudrait pas interpréter la baisse considérable des effectifs francophones hors-Québec comme un abandon définitif du français. En effet, tel que mesurée par le recensement canadien, la langue d'usage ne permet que l'identification de la langue qui prédomine au foyer même si, depuis 1986, ce problème a été atténué par la reconnaissance des langues multiples. Or, la cohabitation linguistique serait loin d'être négligeable notamment chez les couples exogames (p. 216)[...]

Les résultats de la présente étude viennent ainsi renforcer les propos de cet auteur. En effet, l'utilisation par la majorité des jeunes de plusieurs langues en milieu familial — que ce soit le français, l'anglais et le créole chez Élizabeth, ou le français, l'anglais et l'italien chez Gabrielle, ou encore le français et l'anglais chez Leslie et chez Pierre — constitue un bon exemple de cette cohabitation linguistique dont parle Langlois.

À la lumière de la présente analyse, il m'apparaît important de ne pas conclure que le phénomène de bilinguisation qui existe chez les jeunes francophones mènera indubitablement à l'assimilation au groupe majoritaire anglophone. Le danger est là, bien sûr, mais ce serait faire preuve de réductionnisme que de conclure que la seule issue possible pour les individus qui disent posséder une identité bilingue consiste à devenir lentement mais sûrement des anglophones «à temps plein».

L'analyse a aussi montré que lorsque l'on compare les deux régions de l'étude, il n'existe pas de différences majeures dans la façon dont les jeunes se positionnent par rapport à l'identité et au sens d'appartenance, ni dans leur façon de vivre à la frontière des mondes francophone et anglophone. Même si on pouvait penser le contraire à cause des différences régionales, les discours tendent à se ressembler beaucoup. Par exemple, que l'on habite la région d'Ottawa ou la région de Toronto, les jeunes disent faire face à des défis similaires dans leur effort pour vivre en véritables francophones. D'après les propos tenus par les jeunes et leurs parents, le phénomène d'anglicisation ne touche pas uniquement le Centre de la province. Il commence aussi à faire sa marque dans la région d'Ottawa, même si les effets en sont moins prononcés. Les francophones de l'Est de l'Ontario doivent quand même, dans bien des cas, défendre leurs droits et revendiquer des services en français dans la sphère publique, que ce soit au niveau des associations ou dans le secteur des services.

Tout au long de l'étude ethnographique, je me suis demandée si la participation à un tel projet pouvait avoir un effet émancipateur quelconque chez les jeunes impliqués dans ce processus de recherche. La fin de semaine de rencontre qui a eu lieu à Toronto au début de la troisième année du projet a été pour moi révélatrice sur ce point. J'ai alors constaté, par la profondeur des échanges, qu'une réflexion sérieuse sur la question de l'identité avait été amorcée chez ces jeunes. Cela a d'ailleurs été confirmé lors des dernières entrevues individuelles effectuées au printemps 2000, au moment où plusieurs d'entre eux ont révélé que l'étude leur avait permis de réaliser l'importance de la place à donner à la langue française dans leur vie. Certains et certaines ont même dit être plus vigilants et utiliser davantage le français dans leurs pratiques langagières quotidiennes, que ce soit avec les membres de leur famille ou avec leur groupe d'amies et amis.

Il est à espérer que les propos tenus dans cet ouvrage apporteront un éclairage nouveau sur la notion d'identité bilingue et que l'analyse présentée saura contribuer au développement du champ des études sur les minorités. D'avoir côtoyé Pierre, Gabrielle, Leslie, Mélodie, Martin, Annie, Phillias et Élizabeth pendant trois années complètes m'a fait réaliser l'importance de donner la parole au groupe lors de l'examen de ses pratiques sociales.

L'utilisation d'une approche méthodologique qui examine le quotidien de l'individu, plutôt qu'une autre qui tente de donner une image homogène de la réalité minoritaire, a permis en quelque sorte de faire ressortir la complexité des pratiques sociales et du rapport à l'identité chez ce groupe de jeunes. L'approche ethnographique a permis de montrer que l'action locale et la structure sociale sont en relation dialectique constante. Cette approche a aussi permis de discerner les nuances à apporter aux multiples discours identitaires présents. Les portraits présentés auront su montrer, je l'espère, la diversité qui règne au sein d'une minorité.

On assiste présentement à une fragmentation de la communauté francophone traditionnelle. À cause de cette nouvelle réalité, il faut redéfinir cette communauté. Comme l'avait souligné Cardinal déjà en 1994, «la communauté ne peut plus se présenter comme une réalité transcendante. Elle se voit plutôt comme un espace, une valeur à partir de laquelle les individus sont appelés à participer volontairement à son développement» (p. 72). Cette nouvelle réalité francophone fragmentée peut représenter en fait une nouvelle forme d'identité qui, aux dires de Thériault (1995), pourrait s'avérer «moins globalisante et plus malléable» (p. 88). Les propos tenus par les jeunes illustrent bien cette réalité changeante du milieu francophone minoritaire. Ces propos soulignent également le besoin pressant de reconnaître de nouvelles formes de rapports identitaires.

Comme le contexte dans lequel s'est déroulée la présente étude a été l'école, j'aimerais terminer par une remarque qui s'adresse aux intervenantes et aux intervenants scolaires. Dans un premier temps, je crois qu'il est important pour le milieu scolaire de reconnaître davantage le fait qu'il n'existe pas qu'une seule et même réalité pour les élèves qui fréquentent les écoles de langue française en Ontario. Comme l'ont montré les résultats du sondage et le discours des jeunes participantes et participants, la clientèle des écoles est diverse à bien des égards et il faut cesser de penser que cette institution peut reproduire les mêmes valeurs que celles qu'elle transmettait il y a cinquante ans. On a encore trop tendance à penser que dès que les enfants franchissent la porte de l'école, ces derniers deviennent automatiquement des petits francophones convertis. Cela ne semble pas être le cas. La question est beaucoup plus complexe.

Deuxièmement, je crois qu'il est important de prêter une oreille attentive aux propos qui suggèrent que l'école de langue française contribue chez certains élèves à développer un sentiment d'insécurité linguistique face à leur capacité de s'exprimer en français. Il est important pour les intervenantes et les intervenants du milieu scolaire de s'entendre sur une façon d'amener les élèves à utiliser un français considéré plus normatif, sans toutefois nier les formes vernaculaires qui leur appartiennent, formes qui sont en fait le reflet de leur quotidien et un élément important de leur bagage identitaire, de leur capital linguistique en quelque sorte, si je veux reprendre ici l'expression de Bourdieu (1979).

J'ose espérer que le milieu scolaire s'intéressera au présent ouvrage. Les résultats de recherche qui ont servi à mon analyse sont riches en signification, puisqu'ils révèlent le sens qu'un groupe de jeunes tente de donner à la question identitaire et à leurs pratiques langagières. Pratiques langagières qui constituent, ne l'oublions pas, un élément central du processus de construction identitaire.

BIBLIOGRAPHIE

ALLAIRE, G. 1999. *La francophonie canadienne: portraits.* Sudbury: Les Éditions Prise de parole.

ALLAIRE, G. et L. FEDIGAN. 1993. «Survivance et assimilation: les deux faces d'une même médaille». *La Revue canadienne des langues vivantes (RCLV)/The Canadian Modern Language Review (CMLR)*, 49(4), p. 672-686.

ATKINSON, P. et M. HAMMERLEY. 1994. «Ethnography and Participant Observation», dans Denzin, N.K. et Y. Lincoln (réd.). *Handbook of Qualitative Research.* Californie: Publications Sage.

BARTH, F. 1969. «Introduction», dans *Ethnic Groups and Boundaries.* Boston: Little, Brown & Cie, p. 14-20.

BERNARD, R. 1990. *Le choc des nombres.* Ottawa: Fédération des jeunes Canadiens français.

BERNARD, R. 1998. *Le Canada français: Entre mythe et utopie.* Ottawa: Éditions Le Nordir.

BOISSONNEAULT, J. 1996. «Bilingue/francophone, Franco-Ontarien/Canadien français: choix des marques d'identification chez les étudiants francophones». *Revue du Nouvel-Ontario*, Numéro 20, p. 173-193.

BOUDREAU, A. et L. DUBOIS. 1991. «L'insécurité linguistique comme entrave à l'apprentissage du français». *Bulletin de l'ACLA*, 13 (2), p. 37-50.

BOURDIEU, P. 1979. *La distinction. Critique sociale du jugement.* Paris: Minuit.

BRETON, R. 1968. «Institutional Completeness of Ethnic Communities and the Personal Relations of Immigrants», dans B.R. Blishen (dir.), *Canadian Society: Sociological Perspectives.* Toronto: MacMillan du Canada, p. 77-94.

BRETON, R. 1984. «The Production and Allocation of Symbolic Resources: An Analysis of the Linguistic and Ethnocultural Fields in Canada». *The Canadian Review of Sociology and Anthropology*, 21 (2), p. 123-144.

BRETON, R. 1994. «Modalités d'appartenance aux francophonies minoritaires. Essai de typologie». *Sociologie et sociétés*, XXVI (1), p. 59-69.

CARDINAL, L. 1994. «Ruptures et fragmentations de l'identité francophone en milieu minoritaire. Un bilan critique». *Sociologie et sociétés.* XXVI (1). p. 71-86.

CARDINAL, L. *et al.* 1988. *La minorité francophone de Welland et ses rapports avec les institutions.* Ottawa: Rapport d'étude présenté au bureau du Commissaire aux langues officielles, Université d'Ottawa, Département de sociologie.

CASTONGUAY, C. 1999. «Évolution démographique des Franco-Ontariens entre 1971 et 1991, suivi d'un aperçu du recensement de 1996», dans N. Labrie et G. Forlot Labrie (dir.), *L'enjeu de la langue en Ontario français*. Sudbury: Les Éditions Prise de parole.

GÉRIN-LAJOIE, D. 1993. «Les programmes d'initiation à l'enseignement en milieu francophone minoritaire». *La Revue canadienne des langues vivantes (RCLV)/The Canadian Modern Language Review (CMLR)*, 49 (4), p. 799-814.

GÉRIN-LAJOIE, D. 1995a. «Les écoles minoritaires de langue française canadiennes à l'heure du pluralisme ethnoculturel». *Études ethniques du Canada/Canadian Ethnic Studies*, XXVII (2), p. 32-47.

GÉRIN-LAJOIE, D. 1995b. *L'école secondaire de Pain Court: une étude de cas (Étude nationale du Projet des Écoles exemplaires)*. Toronto: Association canadienne d'éducation.

GÉRIN-LAJOIE, D. 1996. «L'école minoritaire de langue française et son rôle dans la communauté». *The Alberta Journal of Educational Research*, XLII (3), p. 267-279.

GÉRIN-LAJOIE, D. 1997. «Le rôle de l'école de langue française située en milieu minoritaire». *Thèmes canadiens/Canadian Themes*, Volume XIX, p. 95-105.

GÉRIN-LAJOIE, D. 2000. *La représentation identitaire chez les jeunes francophones vivant en milieu minoritaire* — dossier 410-97-0293. Toronto: Rapport de productivité, 10 p.

GÉRIN-LAJOIE, D. 2001. «Identité bilingue et jeunes en milieu francophone minoritaire: un phénomène complexe». *Francophonies d'Amérique*, Numéro 12, p. 61-71.

GÉRIN-LAJOIE, D. 2002. «L'approche ethnographique comme méthodologie de recherche dans l'examen du processus de construction identitaire». *The Canadian Modern Language Review/La Revue canadienne des langues vivantes*, 59 (1), p. 77-96.

GÉRIN-LAJOIE, D. et N. LABRIE. 1999. «Les résultats aux tests de lecture et d'écriture en 1993-1994: une interprétation sociolinguistique», dans N. Labrie et Gilles Forlot (dir.) *L'enjeu de la langue en Ontario français*. Sudbury: Les Éditions Prise de parole, p. 79-109.

GILBERT, A. 1999. *Espaces franco-ontariens*. Hearst: Le Nordir.

HAMERS et BLANC. 1983. *Bilingualité et bilinguisme*. Bruxelles: Pierre Mardaga.

HÉBERT, Y. 1993. «Vers un centre scolaire communautaire à Calgary: corruption, culture, programmation et pédagogie» *La Revue canadienne des langues vivantes (RCLV)/The Canadian Modern Language Review (CMLR)*, 49 (4), p. 865-887.

HÉBERT, Y. et J. GRENIER. 1993. «On gagne en français, on perd en anglais: l'emploi des langues en milieu francophone minoritaire». Communication présentée au Congrès de l'ACFAS.

HELLER, M. 1987. «The Role of Language in the Formation of Ethnic Identity», dans J. Finney et M. Rotheram (dir.) *Children Ethnic Socialization: Identity, Attitudes and Interactions*. Boston: Publications Sage, p. 180-200.

HELLER, M. 1994. «La sociolinguistique et l'éducation franco-ontarienne». *Sociologie et sociétés*, 26 (1), p. 155-166.

HELLER, M. 1999. *Linguistic minorities and modernity: A Sociolinguistic Ethnography*. New York: Longman.

HURN, C. 1978. *The Limits and Possibilities of Schooling*. Boston: Allyn & Bacon Inc.

JUTEAU-LEE, D. 1983. «La production de l'ethnicité ou la part réelle de l'idéel». *Sociologie et sociétés*, XV (2), p. 39-55.

JUTEAU, D. 1994. «Essai — Multiples francophonies minoritaires: multiples citoyennetés». *Sociologie et sociétés*, XXVI (1), p. 33-45.

JUTEAU, D. 1999. *L'ethnicité et ses frontières*. Montréal: Les Presses de l'Université de Montréal.

LABRIE, N. 1994. *Les politiques linguistiques à l'école: contraintes et libertés découlant des dispositions provinciales et nationales et des engagements internationaux*. Mémoire présenté à la Commission royale sur l'éducation de l'Ontario, Toronto, 30 p.

LACHAPELLE, C. 1992. «La position du français s'améliore, la proportion de francophones décroît». *Langue et société*, (32), p. 9-11.

LANDRY, R. et R. ALLARD. 1997. «L'exogamie et le maintien de deux langues et de deux cultures: le rôle de la francité familioscolaire». *Revue des sciences de l'éducation*, XXIII (3), p. 561-592.

LANGLOIS, A. 2000. «Évolution démolinguistique de la francophonie hors-Québec». *Recherches sociographiques*. Québec: Département de sociologie de l'Université Laval, p. 211-239.

LÜDI, G. et B. PY. 1995. *Changement de langage ou langage du changement*. Lausanne: Université de Neuchâtel.

MARTEL, A. 1991. *Les droits scolaires des minorités de langue officielle au Canada: de l'instruction à la gestion*. Ottawa: Commissariat aux langues officielles, 409 p.

MCKEE-ALLAIN, I. 1989. «Les productrices d'ethnicité en Acadie: perspectives théoriques». *Égalité*, Numéro 24, p. 45-68.

Ministère de l'Éducation et de la Formation de l'Ontario. 1994. *Aménagement linguistique en français: Guide d'élaboration d'une politique d'aménagement linguistique*. Imprimeur de la Reine, Toronto.

MOUGEON, R. et M. CANALE. 1979. «Maintenance of French in Ontario: Is Education in French Enough?». *Interchange*, 9 (4), p. 30-39.

MOUGEON, R., M. HELLER, M. CANALE et É. BÉNIAK. 1984. «Acquisition et enseignement du français en situation minoritaire: le cas des Franco-Ontariens». *Revue canadienne des langues vivantes*, 41 (2), p. 315-335.

POISSON, Y. 1990. *La recherche qualitative en éducation*. Québec: Les Presses de l'Université du Québec.

ROY, S. 2001. «Le bilinguisme, les jeunes et le milieu de travail: maintien d'une communauté?» *Francophonies d'Amérique*, Numéro 12, p. 51-61.

TABOADA-LEONETTI, I. 1990. «Stratégies identitaires et minorités: le point de vue des sociologues», dans C. Camilleri *et al.* (dir.) *Stratégies identitaires*. Paris: Les Presses universitaires de France, p. 43-83.

THÉRIAULT, J. Y. 1995. *L'identité à l'épreuve de la modernité*. Moncton: Les Éditions d'Acadie.

THOMAS, J. 1993. *Doing Critical Ethnography*. California: Sage Publications.

WAGNER, S. 1990. *Analphabétisme de minorité et alphabétisation d'affirmation nationale*. Toronto: Ministère de l'Éducation de l'Ontario.

WELCH, D. 1988. *The Social Construction of Franco-Ontarian Interests Towards French-Language Schooling*. Thèse de doctorat (Ph.D.) non publiée, Université de Toronto.

WELCH, D. 1991. «Les luttes pour les écoles secondaires franco-ontariennes». *Revue du Nouvel-Ontario*, Numéros 13-14, p. 109-131.

WILLIAMS, G. 1987. «Bilingualism, Class Dialect and Social Reproduction». *International Journal of Sociology of Language*, Volume 66, p. 85-98.

TABLE DES MATIÈRES

Achevé d'imprimer
en juin deux mille trois sur les presses
de l'Imprimerie Gauvin, Hull, Québec